Einfamilienhäuser von 1960–1980 modernisieren

Hans Weidinger

Einfamilienhäuser von 1960–1980 modernisieren

Renovieren – Anbauen – Umbauen – Aufstocken

...rund ums Haus

„Ein Altbau ...

... mit Decken und Wänden, mit Stiegen, Durchgangsräumen und üppigen Erschließungsflächen animiert dazu, darüber nachzudenken, ob sich eine derartige räumliche Struktur überhaupt zum Wohnen eignet. Wird die Frage bejaht, so müssen sämtliche Bereiche von der Art des Wohnens programmiert werden. Sie müssen mit Funktionen belegt werden, denn sie sind in ihrer vorgefundenen Offenheit nicht determiniert, bis auf wenige Bereiche wie Küche und Bad. Die Bewohner müssen selbst bestimmen, wo das Wohnzimmer, wo das Schlafzimmer und wo der Schlafplatz fixiert wird."
Der österreichische Architekt Roger Riewe in seinem Essay
„Die Behausungsfrage der Pygmäen", 1998

Inhalt

6 **Über dieses Buch**
9 **Grundlagen**
9 Heimat Deine Häuser
9 Modernisierung als Wertsteigerung
10 Energieeinsparung als Anreiz
11 Informationshilfen und Förderung
12 Gebäudeanalyse als Grundbaustein
12 Vergabe und Bauablauf
13 Eigenheiten der Bausubstanz
20 Leitsystem
21 **Projekte**
22 **Ökologisches Bausystem mit Raffinesse**
Aufstockung eines Wohnhauses in Dornbirn/Österreich
26 **Silhouettenwechsel**
Aufstockung eines Wohnhauses in München
30 **Außen gediegen, innen pfiffig**
Aufstockung eines Wohnhauses in Gerlingen bei Stuttgart
34 **Hanghaus mit Weitblick**
Aufstockung und Anbau eines Wohnhauses in Linz/Österreich
38 **Farbtupfer inmitten von Getreidefeldern**
Umbau eines Wohnhauses bei München
42 **Wohnhof im Keller**
Umbau eines Reihenhauses in Nürnberg
46 **Mit einer Nabelschnur verbunden**
Anbau an ein Wohnhaus in Egelsbach/Hessen
50 **Langhaus mit Lichtinseln**
Aufstockung eines Bungalows in Frankfurt am Main
54 **Ehemaliges Atelier als Herzstück**
Umbau eines Wohnhauses in München
60 **Ergänzter Dachaufbau**
Aufstockung eines Wohnhauses in Leverkusen
64 **Geschütztes Ensemble in den Alpen**
Umbau eines Wohnhauses in Arriach/Österreich

68 **Zweite Haut um ein altes Haus**
Um- und Anbau eines Wohnhauses in Haid/Oberösterreich
72 **Versetzte Ebenen als Thema**
Aufstockung eines Wohnhauses in Zürich/Schweiz
76 **Filigrane Blechtonne**
Aufstockung eines Wohnhauses in Stuttgart
80 **Neuordnung um zwei Achsen**
Umbau eines Wohnhauses in Bad Homburg
84 **Fertighaus mit Dachpavillon**
Aufstockung eines Fertighauses in Heilbronn
88 **Geschützte Höfe hinter Backsteinmauern**
Umbau und Aufstockung eines Bungalows in Troisdorf
94 **Neu geschaffene Wohnhalle**
Aufstockung eines Wohnhauses in Rottach-Egern
98 **Großzügiges Atelier über den Dächern**
Aufstockung einer Doppelhaushälfte in Köln-Hürth
102 **Brückenschlag**
Aufstockung eines Bungalows in Hamburg
106 **Mediterraner Kubus**
Umbau eines Wohnhauses in Hamburg
110 **Private Wellness-Oase**
Anbau an ein Wohnhaus in Oberlunkhofen/Schweiz
114 **Vom Stereotypen zum Besonderen**
Umbau eines Wohnhauses in Gelting/Oberbayern
118 **Luftige Glashalle**
Anbau an ein Wohnhaus in München
122 **Mut zur Farbe**
Umbau eines Wohnhauses in Köln
126 **Anhang**
126 Architektenverzeichnis und Bildnachweis
127 Fördermittel, Informations- und Beratungsstellen, Literaturverzeichnis
128 Impressum, Dank

Über dieses Buch

Nach dem Abriss eines energetisch unrentablen Fertighauses entstand auf dem gemauerten Sockelbau ein neues Geschoss in Holzskelettbauweise. Anstelle des ursprünglich flach geneigten Walmdachs bieten ein Dachpavillon und eine großzügige Holzterrasse vormals unbekannte Aussichten.
Architekt: Matthias Müller, Heilbronn

Nun steht sie also zur Modernisierung an, die Moderne! Nicht nur die öffentlichen Großbauten sind es, sondern die sehr viel kleineren Privathäuser. Erst mit Einsetzen des Wirtschaftswunders kamen die Entwurfsvorstellungen der architektonischen Avantgarde um das Bauhaus und Le Corbusier richtig zum Tragen – in den Städten und vor allem am Rand der Städte. Die Stadtgrenzen haben sich während der seither verflossenen 40 Jahre noch weiter nach außen verlagert, sodass der Wert der Grundstücke ebenfalls gestiegen ist. Jetzt sind die Traumhäuser von damals in die Jahre gekommen und hier sind wieder die Planer gefragt. Mancher Planungsfehler könnte heute korrigiert, auf den großzügigen Grundstücken meistens sogar nachverdichtet werden.

Um das planerische – oder sollten wir eher sagen das umplanerische – Potenzial der betroffenen Bausubstanz, das sich dahinter verbirgt, sichtbar zu machen, soll der Leser mit ein paar trockenen statistischen Zahlen vertraut gemacht werden. Mit Stichtag zum 30. September 1993 fand im ganzen Bundesgebiet Deutschland eine Gebäude- und Wohnungsstichprobe statt. Nach der Wiedervereinigung wurde damit erstmals in Form einer repräsentativen 1-%-Mikrozensus-Erhebung der Bestand und Zustand aller Wohnungen der gesamten Republik ermittelt. Von den zirka 15,5 Millionen bewohnten Gebäuden werden im früheren Bundesgebiet 7,9 Millionen, in den neuen Ländern 1,3 Millionen, gesamt also etwa 60 % oder 9,2 Millionen als Einfamilienhäuser genutzt. Ein weiteres Fünftel beinhaltet Gebäude mit zwei Wohneinheiten. Interessant ist aber auch die Altersstruktur der Gebäude, da sie auf den eigentlichen Zweck der Untersuchung abzielt, nämlich den Bedarf an Modernisierung in seiner Tragweite zu erfassen.

Wenn man die Einfamilien- und Doppelhäuser fokussiert, fällt ins Auge, dass etwa ein Drittel der Gebäude vor 1949 errichtet wurde, die Hälfte aller Gebäude dagegen von der Währungsreform bis zur letzten Totalerhebung 1978 und der Rest von etwa 18 % bis 1993. Die unterschiedliche Wohnungspolitik in der ehemaligen DDR und der BRD tritt ebenfalls ablesbar zu Tage. Um die Millionen Vertriebenen mit Wohnraum zu versorgen, mussten im Westen nach Ende des Krieges enorme Anstrengungen im Wohnungsbau unternommen werden, zumal besonders in den Großstädten ganze Stadtviertel – man spricht von etwa 1,2 Millionen Wohngebäuden, die dem Bombenhagel und der Abrissbirne zum Opfer fielen – über den Trümmern neu gebaut wurden. Im Osten setzte die Neubautätigkeit langsamer und mit einer klaren Bevorzugung der Mehrfamilienhäuser ein, den so genannten Plattenbausiedlungen. Genaue Zahlen für das Wachstum zwischen 1960 und 1980 liegen nicht vor, können aber in etwa aus dem Zahlenwerk der Publikation des Statistischen Bundesamtes „50 Jahre Wohnen in Deutschland" abgeschätzt werden. Lag der Bestand an Wohngebäuden noch 1950 bei 7,8 Millionen, war er 1961 – hier liegen nur Zahlen aus dem Westen vor – um etwa 35 % angewachsen und hatte um etwa 1978 eine 95%ige Steigerung gegenüber 1950 erfahren. Umgerechnet auf Gesamtdeutschland bedeutet das, dass im ganzen Bundesgebiet etwa 4 Millionen Einfamilien- und Doppelhäuser, die zwischen 1960 und 1980 gebaut wurden, zur Modernisierung anstehen. Das entspricht im Verhältnis zur Gesamtzahl aller Wohnbauten einem Anteil von einem Viertel!

Während der überwiegende Teil der Bauten, die vor 1960 entstanden, in der Regel bereits einmal modernisiert wurde, stehen jene nach 1960 in der Regel erstmalig zur Modernisierung an. Das Volumen der Häuser ist oft groß bemessen, sodass meist nur der Standard von Bädern und Heizungen anzupassen ist. Doch die ungenutzt emittierte Energie durch die Außenmauern von Wohngebäuden, die vor Einführung der alten Wärmeschutzverordnung errichtet wurden, haben jetzt Fassaden und Dächer aus jenen Baujahren ins Visier neuer Regulierungen gebracht. Bei der Unmenge an Gebäuden zahlt sich Energieeinsparung doppelt aus. Erstens ist der Pro-Kopf-Verbrauch an Wohnraum je Bewohner relativ hoch im Vergleich zu Wohnungen anderer Bauphasen und zum zweiten besteht dank des damals billigen Öls eine große Diskrepanz zwischen Größe und Dichtigkeit der Fenster. Längst haben diverse Anbieter einen Markt entdeckt, der auf Jahre hin lukrative Gewinne abwerfen dürfte. Gerade deswegen ist hier Vorsicht geboten, da sich bei der Flut von Informationen der zukünftige Bauherr schwer tut, die Spreu vom Weizen zu trennen. Meist verbirgt sich hinter wohl gemeinten Ratschlägen eigennützige Produktwerbung, die der Vergleichbarkeit von diversen Möglichkeiten kaum dienlich sein kann.

Projektauswahl

Alle Fachleute sind sich darin einig, dass gerade bei der Altbaumodernisierung Fachkompetenz unabdingbare Voraussetzung guter Ergebnisse ist. Gestalterisch, technisch und finanziell befriedigende Lösungen lassen sich nur erreichen, wenn Fachleute eingeschaltet werden. Mag dies den Bauherrn auf den ersten Blick mehr Geld kosten, so stellt sich im Nachhinein heraus, dass dies der beste Weg ist, um langfristig Kosten zu sparen. Die vorgestellten Projekte entstanden alle unter Mitwirkung eines Architekten, der nicht nur die bauliche Gestaltung erarbeitete, sondern auch unter Mitwirkung von Fachplanern die wirtschaftlichste Umgestaltung finden konnte. Gerade an neuralgischen Punkten ist eine umsichtige Planung hilfreich, um dem Bauherrn während des Planungsprozesses bereits die wesentlichen Alternativen klar umrissen zur Entscheidung vorlegen zu können.

Vorausschickend muss gesagt werden, dass dieses Buch nicht als Planungsanleitung, sondern als Beispielsammlung dem zukünftigen Bauherrn dazu verhelfen soll, sich ein Bild über die Bandbreite des Begriffs „Modernisierung" machen zu können. Die vorgestellten Umbauten zeigen eine Palette verschiedener „Härtegrade" auf. Dabei kann der Eingriff in die vorhandene Bausubstanz, analog zu einer chirurgischen Operation, von einer leichten Überarbeitung über eine mittlere Sanierung bis zum totalen Rückbau auf das konstruktive Skelett gehen.

Geografisch deckt die Auswahl drei Länder ab: Neben Projekten aus den Alpenländern Österreich und Schweiz finden sich hauptsächlich Beispiele aus Deutschland. Wesentliches Kriterium für die Auswahl bildeten die architektonische Qualität und ein schlüssiges Entwurfskonzept, das den Bestand maßgeblich mit einbezieht oder sogar aufwertet.

Aufteilung in zwei Bände

Das vorliegende Buch ist die Fortsetzung des im Frühjahr 2003 erschienenen Bandes „Einfamilienhäuser von 1900–1960 modernisieren". Damit soll der baugeschichtlichen Zweiteilung der Bautätigkeit des letzten Jahrhunderts Rechnung getragen werden. War von 1900 bis 1940 der traditionelle Ziegelbau mit Holzbalkendecken vorherrschend, so begann spätestens ab

Bis auf die blanken Ziegel wurde die Außenhülle eines Bungalows rückgebaut und anschließend mit einer 15 Zentimeter dicken Mineralwolle gedämmt. Da die Betondecke etwa 50 Zentimeter auskragt, wurde die Fassadenebene nach außen geschoben. Dadurch wurde die gute Hinterlüftung der robusten Holzverschalung sichergestellt.
Architekt: Prof. Wolfgang Kergaßner, Stuttgart

1960, mit den Boomjahren nach dem Zweiten Weltkrieg, die massenhafte Umsetzung des Siedlungsbaus mit Beton und chemisch erzeugten Zusatzprodukten. Erstmals kamen gesundheitsschädliche Baustoffe wie Asbest oder lindanhaltige Holzschutzmittel zum Einsatz. Dieses Konstruktionsmerkmal zieht bei Eingriffen in die Bausubstanz auch eine andere Vorgehensweise nach sich. Außerdem unterscheiden sich die Gebäude allein durch die Größe der Wohnung. Während bis 1960, abgesehen von wenigen Villen, die Grundrisse relativ bescheiden ausfielen, hatten die Wohnhäuser und Bungalows nach 1960 deutlich mehr Platz zu bieten.

Deshalb werden bei der Modernisierung älterer Wohnbauten, die vor 1960 entstanden, fast immer Grundrissänderungen in Erwägung gezogen, während die Mehrzahl der Gebäude nach 1960 üblicherweise nicht erweitert werden muss. Vier der 25 hier vorgestellten Projekte wurden erst nach 1980 gebaut. Sie entsprechen jedoch vom baulichen Standard her den übrigen Projekten, da sich wesentliche Änderungen erst mit der Wärmeschutzverordnung von 1995 ergaben.

Zeichnungen

Die den einzelnen Projekten beigefügten Pläne sind im Maßstab 1:200 (das heißt: 1 cm des Plans entspricht in Wirklichkeit 200 cm oder 2 m) abgebildet, sofern nichts anderes vermerkt ist. Aus Platzgründen sind nur die für den Umbau relevanten Grundrisse dargestellt. Zum Teil werden diese durch einen maßgeblichen Schnitt oder eine Isometrie ergänzt. Die Pläne wurden der leichteren Lesbarkeit halber vereinfacht: der Bestand ist grau, die neuen Bauteile sind schwarz dargestellt. Ebenso ist ein nicht maßstäblicher Lageplan beigefügt. Das jeweilige Projekt ist dort rot hervorgehoben.

Baudaten/Leitsystem

Dem Leser soll keinesfalls eine Do-it-yourself-Anleitung unterbreitet, sondern die Notwendigkeit fachkompetenter Schritte vor und während der Arbeiten aufgezeigt werden. Zu jedem Projekt werden deshalb die wichtigsten Baudaten aufgeführt. Neben Baujahr und Konstruktionsweise finden sich Angaben über Grundstücksgröße, die Veränderung der Wohnfläche, die Anzahl der Bewohner und die ungefähren Baukosten (inklusive der Mehrwertsteuer, jedoch exklusive der Planungs- und Erschließungskosten). Verzichtet wurde dagegen auf ohnehin schwer nachvollziehbare bauphysikalische Angaben – zum einen, weil diese Berechnungen nicht bei allen Projekten erhoben wurden, zum anderen, weil nicht immer eine Komplettmodernisierung durchgeführt wurde. Wichtiger erschien es dem Autor, die klassische Definition von Aufgabenstellung über Bedingungsparameter bis zum Lösungsansatz unter Hinweis auf die hauptsächlich verwendeten Baumaterialien und Konstruktionskriterien stichpunktartig zu umreißen. Ein Leitsystem auf Seite 20 führt auf schnellem Wege zu den Projekten mit spezifischen Sanierungsschwerpunkten, Besonderheiten wie Flachdach-Sanierungen oder niedrigen Quadratmeter- bzw. Gesamtkosten.

Grundlagen

„Heimat Deine Häuser"
Unter diesem Motto stand 1963 eine Wanderausstellung zum so genannten „Neuen Bauen". Damit wollten Stuttgarter Architekten auf die Missstände der Stadtentwicklung in den 50er-Jahren aufmerksam machen und ein Mitspracherecht von Planern in Gestaltungsbeiräten einfordern. Baukultur wurde seitdem zum Zankapfel zwischen „nostalgischen" Traditionalisten und „fortschrittlichen" Neuerern. Daran hat sich seither nicht viel geändert. Die heutige Globalisierungsdebatte füttert die Auseinandersetzung darüber, welchen Beitrag Architektur zur Gestalt oder Ungestalt der Städte liefert, von neuem mit alten Argumenten.

Gerade das Einfamilienhaus am Stadtrand, seit Jahrzehnten ungebrochenes Wunschbild der meisten Menschen, wird mehr denn je als Schreckensbild an die Wand gemalt, obwohl die Architektur eher in den Stadtzentren versagt und ein Potpourri an Stilen hinterlassen hat. Dem immer noch aufrechterhaltenen Dogma einer heilen Architektur verweigert der niederländische Architekt Rem Koolhaas in seinem Essay „Die Stadt ohne Eigenschaften" (1995) jede Bedeutung: „Die Stadt gibt es nicht mehr ... [es gibt] nur noch Architektur und Architektur und Architektur." Den Besitzer eines Einfamilienhauses werden solche Szenarien eher verunsichern, ganz gewiss will er sich aber seinen Wunschtraum nicht nehmen lassen: „Was hat man dem kleinen Mann nicht alles versprochen: das Land Utopia, den kommunistischen Zukunftsstaat, das Neue Jerusalem, selbst ferne Planeten. Er aber wollte immer nur eines: ein Haus mit Garten" (1983). Damit brachte G. K. Chesterton auf den Punkt, was nach den vielen Defiziten großmaßstäblicher Siedlungen an Humanisierung und „Ich-Verwirklichung" tatsächlich übrig blieb.

Abriss von Wohnvierteln, wie er sich in einigen ostdeutschen Städten anbahnt, könnte leicht als Scheitern der Moderne verstanden werden. Jetzt, wo die Siedlungshäuschen in die Jahre gekommen sind, wo sich zwischen ihnen allmählich ein paar Läden und Dienstleister ansiedelten, wo die Bevölkerungspyramide sich unten gewaltig einbaucht – jetzt wäre es für Kritiker und Verteidiger des ebenerdigen Wohnens an der Zeit, hier mit besseren Argumenten zusammen mit den Bauherren von morgen neue Möglichkeiten zu erarbeiten. Wohnformen haben sich geändert, Denkweisen sollten es ebenfalls tun. Wenn auch von Seiten der Baubehörden ein Entgegenkommen im Sinne einer Änderung der Bebauungsschlüssel und Abstandsregelungen signalisiert würde, könnte die längst überfällige Verdichtung erreicht werden. Wenn, warum nicht jetzt, und warum nicht gerade dort? Sollten wir gesellschaftliche Weichenstellungen nicht auch als bauliche Strukturänderungen begreifen? Nur so bestünden Chancen, trotz oder mit der Idee des Einfamilienhauses zu städtisch dichten und dennoch weitgehend privaten Strukturen zu gelangen. Wir werden sehen, ob wir neben der Modernisierung einzelner Häuser auch insgesamt eine städtebauliche Veränderung bewirken können. Ohne reglementierende Eingriffe der Politik, wie sie Christina Simon vom Städtebauinstitut der Universität Stuttgart in ihrem Essay „Haben Modellprojekte im Einfamilienhausbau ein Chance?" (2002) einfordert, kann sich nachhaltiger Städtebau ohnehin nicht entwickeln. Der Gedanke, „Förderung auf das Bauen im Bestand, den Erwerb und Umbau von Gebrauchtimmobilien, auf Innenentwicklung, Stadtumbau und Flächenrecycling zu beschränken", weist in die richtige Richtung. Hanno Rauterberg, Redakteur im Feuilleton der „Zeit" in Hamburg, kritisiert in seinem Artikel „Leben im unheimlichen Heim" den politisch sanktionierten Widersinn der Landvernichtung: „Im Osten, eben jenem Osten, in dem 1 Million Wohnungen leer stehen, förderte der Staat noch im letzten Jahr [2001! Anm. des Autors] den Neubau mit 3,1 Milliarden Mark, die Modernisierung des Bestandes hingegen nur mit 1,7 Milliarden."

Modernisierung als Wertsteigerung
Auch Gebäude unterliegen einem Alterungs- und Abnutzungsprozess. Wie jedes Auto, jeder Computer wird ein Haus zu dem Zeitpunkt, an dem es fertig gestellt wird, mit dem jeweils gültigen Standard ausgestattet. Dieser Standort veraltet nach geraumer Zeit und wird wieder angepasst. Bauten müssen laufend kontrolliert und „in Schuss" gehalten werden. Seit längerem hat sich als Bezeichnung hierfür der englische Begriff „Facility Management" eingebürgert. Während des Lebenszyklus eines Gebäudes stehen an stark beanspruchten Außenhüllen wie Dächern und Wandputzen oder an

Ein mehrfach umgebauter Bungalow in einem Stuttgarter Außenbezirk wurde entkernt, wärmegedämmt und mit einer neuen Textur aus kanadischer Zeder umhüllt. Die moderne Formensprache wurde zu einer prägnanten Gestalt verdichtet.
Architekt: Prof. Wolfgang Kergaßner, Stuttgart

beweglichen Bauteilen wie Fenstern und Türen ohnehin Nachbesserungen oder sogar Austausch von schadhaften Teilen an. Wer glaubt, auf diese Pflege verzichten zu können, wird durch einen steigenden Nachholbedarf und dessen Mehrkosten eines Besseren belehrt. In der Regel muss bei einer heute üblichen Lebenszeit eines Gebäudes von 80 bis 100 Jahren mit drei bis vier Sanierungen gerechnet werden.

Die „Gruppe Haus- und Stadterneuerung" in Aachen hat für die wichtigsten Bauteile wie zum Beispiel Dachhaut oder Fußböden Tabellen zusammengetragen, die deren Lebensdauer nach den Wertermittlungsrichtlinien von Gutachtern, dem Häufigkeitskatalog von Wohnungsunternehmen und ihren eigenen Ermittlungen gegenüberstellen. So hält zum Beispiel eine Dachrinne aus Kupferblech zwischen 26 und 100 Jahre, aus Zinkblech nur noch 20 bis 40 Jahre und aus verzinktem Stahl lediglich 15 bis 20 Jahre. Ein cleverer Besitzer, der nach einer Kosten-Nutzen-Analyse die Rendite seines Hauses und damit den Erhaltungsaufwand im Auge hat, wird sein Interesse zwangsläufig auf Renovierungen richten und dementsprechende finanzielle Rücklagen bereitstellen. Vereinfacht gesagt, steuert eine Modernisierung dem Wertverfall der Immobilie entgegen und bessert deren Marktwert wieder auf.

Energieeinsparung als Anreiz

Nicht nur seit der Ölkrise Anfang der 70er-Jahre des letzten Jahrhunderts ist uns bewusst, dass jede Energiequelle irgendwann zu Ende gehen könnte. Bereits um 1965 hatte der Bericht des Club of Rome schon die Knappheit der Ressourcen festgestellt und ein Umdenken angemahnt. Mit dem Kyoto-Protokoll von 1990 verpflichtete sich das Gros der Industriestaaten, den Kohlendioxid-Ausstoß bis 2005 drastisch zu vermindern. Die deutsche Eigenverpflichtung zur Reduzierung um 25 % ist hoch angesetzt, da man sich eine große Energieeinsparung in den Neuen Bundesländern erhofft. Der Expertenbericht „Urban 21" zur Zukunft der Städte, der zur Expo 2000 in Hannover zur Expo vogelegt wurde, appelliert an die privaten Endverbraucher und Kommunen, unter den Grundsätzen von Nachhaltigkeit und Ressourcenschonung neue Lösungen in der Fläche und Abfall sparenden Verwertung alten Baubestandes zu suchen. Der Wissenschaftler Ernst Ulrich von Weizsäcker hat den Sachverhalt auf eine prägnante Formel gebracht: den Faktor vier. Wenn wir weiterhin so wie bisher mit unserer Umwelt umgingen, sind Klimakatastrophen und soziale Spannungen unvermeidlich. Damit bei der konstant wachsenden Weltbevölkerung der Lebensstandard gesichert werden kann, muss mit der Hälfte an Ressourcen-Input das Doppelte an Output produziert werden. Vor diesem Hintergrund sollte man die neue Energieeinsparverordnung, kurz EnEV, die mit Wirkung vom 1. Februar 2002 in Kraft trat, betrachten. In Deutschland muss jetzt jeder Neubau eines Wohngebäudes nach den Kriterien eines Niedrigenergiehauses erstellt werden. Das heißt, dass der jährliche Heizwärmebedarf unter 70 kW/m² Wohnfläche liegen soll. Bildhaft gesprochen stelle man sich 700 Glühbirnen à 100 Watt vor, die tagaus tagein über ein ganzes Jahr brennen dürfen. Dagegen lag bei Wohngebäuden, die noch nach der alten Wärmeschutzverordnung gebaut wurden, die Obergrenze beim Dreifachen, nämlich bei 220 kW/m² und Jahr.

Der Maßstabssprung, der für Neubauten gilt, kann vor Altbauten logischerweise nicht Halt machen. Mit der Zusammenführung von Wärmeschutz- und Heizanlagenverordnung zur bereits erwähnten Energieeinsparverordnung ist auch der Zwang verbunden, alte Heizkessel, die vor Oktober 1978 gebaut wurden, bis Ende 2006 durch moderne Heizkessel auszutauschen. Bei Altbauten hat der Gesetzgeber die Zügel noch lockerer gelassen. Solange ein privat genutztes Wohnhaus nicht veräußert, modernisiert oder baulich verändert wird, kann alles beim Alten bleiben. Doch wie lange noch! Es kommt erschwerend hinzu, dass in Deutschlands Privathaushalten fast ein Drittel der Endenergie für Heizung und Warmwasser – mehr als in der Industrie – verbraucht wird und davon wiederum etwa 80 % in Gebäuden, welche vor 1980 errichtet wurden. Jeder Eigentümer eines Altbaus sollte deshalb – auch wenn er vom Gesetzgeber dazu im Moment nicht verpflichtet wird – die Chance ergreifen, sein Haus nach den neuen Erfordernissen nachzurüsten. Experten haben errechnet, dass die Energieeinsparung sich bei einigen Gebäuden auf bis zu 80 % – bezogen auf die alte Wärmeschutzverordnung – belaufen kann. Das würde sich natürlich auch in der Geldbörse positiv bemerkbar machen. Jeder Cent, der für eine Maßnahme ausgegeben wird, die Heizkosten spart, zahlt sich bald doppelt aus.

Informationshilfen und Förderung

Ohne Bereitstellung von Krediten des Staates, die als Anschubfinanzierung wirken sollen, ist die Bereitschaft der Eigentümer, effizientere Anlagen und umweltfreundlichere Energieträger einzusetzen, gering. In Deutschland gibt es deswegen von der Kreditanstalt für Wiederaufbau (KfW) mehrere Förderprogramme mit Niedrigzinskrediten, die die Hauseigentümer über ihre Banken vor Beginn des Umbaus erfragen können. Um die Unterstützung nicht zu verpassen, sollte entsprechend viel Vorlauf für die Klärung der finanziellen Förderung eingeräumt werden. Neben der üblichen Unterstützung durch die im Volksmund so genannte „Eigenheimzulage" wird ein Kreditprogramm für alternative Energiequellen wie Solarstrom oder Fotovoltaik angeboten. Darüber hinaus gibt es ein CO_2-Sanierungsprogramm speziell für Altbauten, dessen drei Maßnahmenpakete an die Sanierung auch variabel angepasst werden können. Während das erste Maßnahmenpaket die Erneuerung der Heizung und die Dämmung von Dach und Außenwand beinhaltet, schließt das zweite Paket die Dämmung von Kellerdecke und erdberührten Wänden sowie eine Erneuerung der Fenster mit ein. Das dritte Maßnahmenpaket, bestehend aus Heizungssanierung, Umstellung des Energieträgers und Erneuerung der Fenster bedingt allerdings, dass ein „Energiebedarfsausweis" durch einen fachkundigen Gutachter vorgelegt wird. Die Kosten für diesen Ausweis werden staatlich gefördert, sodass sich die Selbstkosten für den Eigentümer auf maximal 250 Euro reduzieren.

Weitere Programme der KfW unterstützen zusätzliche Energiesparmaßnahmen am Gebäude, die über die gesetzlich vorgeschriebenen Standards hinausgehen: Einbau von Wärmepumpen, Biogasanlagen oder Wärmetauschern. Zusätzliche Fördermittel können für Energiesparhäuser oder Passivhäuser mit sehr niedrigem Jahresheizwärmebedarf abgerufen werden. Allerdings lassen sich diese Standards im Altbaubereich bis dato nur mit erheblichen Kosten verwirklichen und sind deshalb nur im Neubau sinnvoll. Der TÜV und einige Banken wie zum Beispiel die LBS oder die L-Bank in Baden-Württemberg bieten Energiechecks an, die über die Forderungen des Energiebedarfsausweises hinaus auf einen Gebäudepass abzielen, der sämtliche Parameter eines Hauses vom Keller bis zum Dach beinhaltet und auch als Orientierungshilfe im Immobilienhandel dienen könnte.

Steuerliche Vergünstigungen können in Sanierungsgebieten, die von den Kommunen als strukturschwache Stadtteile oder Umwandlungsflächen ehemaliger Militär- oder Industrieflächen ausgewiesen sind, in Form von Städtebau-Fördergeldern vor Baubeginn beantragt werden. Es lohnt daher, auch bei den zuständigen Stadtverwaltungen oder Landratsämtern nach Sonderförderungen zu fragen. Im Anhang des Buches finden sich die wich-

Modernisierung kann auch etappenweise durchgeführt werden: Beim Umbau eines Hauses in Berlin wurde zunächst nur der Bestand komplett saniert. In einem zweiten Schritt soll ein zweigeschossiger Glasanbau erstellt werden, der die Arbeitsräume des Bauherrn beherbergt (Skizze rechts).

tigsten Anlaufadressen, die Informationen rund um das Thema Modernisierung anbieten sowie Hinweise zu Energieberatungen und anderen Instituten. Zum Teil bieten auch große Energieversorgungsunternehmen kostenlose Beratung oder sogar weiter reichende Hilfestellung an

Gebäudeanalyse als Grundbaustein

Heutiges Bauen ist ein kompliziertes und kostenintensives Unterfangen. Die sprichwörtliche Axt im Haus, die den Zimmermann ersetzen soll, klingt deshalb fast wie ein altmodisches Ammenmärchen. Die meisten Heimwerker überschätzen ihre handwerklichen und bauphysikalischen Kenntnisse und produzieren durch ihre Unkenntnis viele Baumängel. Beim Bauen im Bestand ist ein unabhängiger Ratgeber als Beistand des Bauherrn gefragt: der Architekt. Architekten dürfen keine Werbung machen, sie werben durch die Qualität ihrer Arbeit. Die Honorierung erfolgt nach den einschlägigen Tabellen. Die erschwerten Bedingungen, die sich aus der bestehenden Baukonstruktion ergeben, werden mit Honorarzuschlägen bis zu 25 %, bezogen auf die Bauwerkskosten, abgedeckt. Wichtigste Voraussetzung für eine gute Zusammenarbeit ist ein Vertrauensverhältnis.

Als erster Schritt empfiehlt sich, alle Möglichkeiten, die in der Konstruktion des Bestandes liegen, zu kennen. Umbau- und Renovierungsarbeiten bedürfen präziser Planung und diese ist nur dann möglich, wenn der Vorlauf stimmt. Maßgenaue Pläne und Probeöffnungen an wichtigen Bauteilen sind unerlässlich. Bei größeren Umbauten sollten alle wesentlichen Details und Schäden Zimmer für Zimmer in Raumbüchern festgehalten werden. Für Extraleistungen wie diese, die über die übliche Arbeit eines Architekten hinausgehen, haben Architekt und die beteiligten Ingenieure Anspruch auf eine gesonderte Honorierung. Wer glaubt, darauf aus Kostengründen verzichten zu müssen, wird später eines Besseren belehrt. Alle Ad-hoc-Entscheidungen, die während des Umbaus zügig gefällt werden müssen, da sonst der Bauablauf ins Stocken geriete, kommen den Bauherrn teuer zu stehen.

Untersuchungen der „Gruppe Haus- und Stadterneuerung" in Aachen, die auf jahrelangen statistischen Erhebungen beruhen, weisen nach, dass 80 % aller Folgekosten aus Terminüberschreitungen sowie übertuerte Preise von Sonderlösungen auf unzureichende Bestandsaufnahmen zurückzuführen sind. Verschärft hat sich die Situation bei Umbauten, die nach den Festlegungen der EnEV maßgeblich und somit eingabepflichtig sind. Hier verlangen die Baubehörde und die Förderungsstelle einen Energiebedarfsausweis, der von einem dazu befähigten Ingenieurbüro aufgestellt werden muss. Dabei wird das gesamte Gebäude als ein geschlossenes System betrachtet: Den Verlusten aus der Verwandlung von Energieträgern in Heizenergie und den dabei unausweichlichen Transmissions-Wärmeverlusten durch Außenwände und Dach stehen auch Gewinne aus solarer Einstrahlung durch Glasflächen oder Abwärme aus elektrischen Leuchten gegenüber. Der Energiebedarfsausweis soll für den Bauherrn und Planer mehr Transparenz schaffen. Mit sorgfältig abgestimmten Bilanzverfahren können zusammen mit Statikern und Haustechnikern alternative Planungsstrategien untersucht werden. Parallele Kostenschätzungen führen dann zur optimierten Lösung.

Vergabe und Bauablauf

Wenn alle Voraussetzungen zu Beginn der Arbeiten abgeklärt sind – und das kann sich bei schwierigen Umbauten durchaus ein paar Monate hinziehen – sollen die Maßnahmen zügig in Angriff genommen werden, um die finanzielle Doppelbelastung vor Bezug des Hauses oder die Lärm- und Schmutzbelästigung, wenn das Gebäude während des Umbaus weiterhin bewohnt wird, zeitlich abzukürzen. Dabei stellt sich die Frage, wie man unter diversen Anbietern zur Vergabe an wirklich kompetente Firmen kommt. Ein guter Architekt wird je nach Komplexität der Baumaßnahme zu entscheiden wissen, wann exakt formulierte Ausschreibungen sinnvoll sind oder einfache Angebotseinholungen bei ein paar zuverlässigen Firmen ausreichen. Angesichts der vielen Unwägbarkeiten ist es grundsätzlich besser, die Bauarbeiten getrennt nach den einzelnen Handwerks-Gewerken in Form von Werkverträgen, die auf Einheitspreisen basieren, zu vergeben. Die Verträge lassen sich auch pauschal mit einem Festpreis „einfrieren"; allerdings können dann spätere Änderungen zu aufreibenden Preisverhandlungen führen. Die pauschale Vergabe an nur einen Generalunternehmer mag das Kosten-

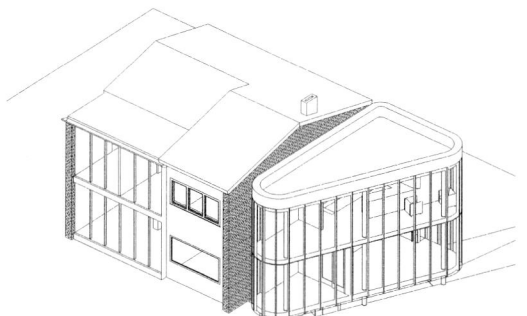

Architekt:
Jörn Pötting, Berlin

risiko auf den ersten Blick zwar eingrenzen, da nur ein Vertragspartner existiert und eine straffe Koordination auch im Interesse des Generalunternehmers liegt. Meist leidet aber die Qualität darunter, da in der Regel nicht die besten, sondern die billigsten Subunternehmer unter Vertrag genommen werden, um die Gewinnmarge möglichst hoch zu halten. In Zeiten wirtschaftlicher Rezession sollten die Rahmendaten genau geprüft werden; einschlägige Rechtsstreitigkeiten gebieten gerade bei Umbauten an Einfamilienhäusern Vorsicht.

Da die Baupreise heute hoch sind, sollte der Bauherr abwägen, ob er nicht besser daran tut, den Architekten auch mit der Abwicklung der Baustelle und Überwachung der Abrechnung zu beauftragen, um auf Kostenverschiebungen – bei Altbausanierungen wegen unerwartet schlechter Bausubstanz fast zwangsläufig gegeben – während des Umbaus hingewiesen zu werden. Ein großes Problem beim Bauen im Bestand ist die Beschädigung der intakten Bauteile durch leichtsinnigen Umgang der Handwerker. Grundsätzlich sollte auf eine saubere Baustellenführung geachtet werden, damit sich Schäden an bestehen bleibenden Bauteilen weitgehend vermeiden lassen. Je geringer der Eingriff, desto bessere Schutzmaßnahmen sollten einkalkuliert werden. Nach Fertigstellung der Arbeiten empfiehlt es sich, das ursprünglich angestrebte Ergebnis auch mit dem tatsächlich Erreichten zu vergleichen. Gute Ergebnisse zeichnen sich durch geringe Kosten- und Terminüberschreitungen aus, lassen sich aber dennoch nicht mit der überschaubaren Situation bei einem Neubau vergleichen.

Eigenheiten der Bausubstanz
Im Unterschied zu den Wohngebäuden vor und kurz nach dem Zweiten Weltkrieg bestehen bei der überwiegenden Mehrzahl aller massiv gebauten Wohnhäuser nach 1960 Decken und Kellersohlen aus Stahlbeton. Ein Eingriff in das statische System bedingt daher die Kenntnis der statischen Tragrichtung, die sich anders als bei Holzbalkendecken nicht auf den ersten Blick ablesen lässt. Im Laufe der zunehmenden Standardisierung wurden aus Kostengründen tragende und nicht tragende Wände ausgedünnt, sodass in den meisten Fällen mit einer schwachen Dimensionierung zu rechnen ist.

Üblicherweise liegen zu den Bauten noch statische Nachweise und Positionspläne in den Archiven der Baubehörden zur Einsicht vor, sodass ein beauftragter Tragwerksplaner das statische System leicht eruieren kann. Schwieriger stellt sich der Nachweis der ökologischen Verträglichkeit der Baustoffe dar. Vermehrt wurden ab den 60er-Jahren, massiv in den folgenden 70er- und 80er-Jahren bauchemische Produkte wie Asbest oder »Xyladecor« eingesetzt, die heute als giftig oder reizauslösend gebrandmarkt sind. Bei Unkenntnis verwendeter Baustoffe empfiehlt es sich, Gutachter einzuschalten, die einen messtechnischen Nachweis der vorhandenen Schadstoffe und Allergene führen. Im Folgenden soll ein kurzer Überblick, der keinen Anspruch auf Vollständigkeit erhebt, die wichtigsten kritischen Punkte von Wohngebäuden aus der Zeit von 1960 bis etwa 1980 beleuchten. Interessierten Lesern und Fachkollegen wird die einschlägige Fachliteratur empfohlen.

Keller und Fundamente
Die Fundamentsohle eines Wohnhauses, das in den Jahren von 1960 bis 1980 entstand, besteht in der Regel aus Stahlbeton, zum Teil aber auch aus Stampfbeton ohne Stahleinlagen. Eine Schwachstelle dieser Bauten befindet sich meist im Übergang zu den aufgehenden Kellerwänden aus Mauerwerk. Im Keller anstehendes Wasser durchdringt Setzungsrisse, die aus nachgiebigem Baugrund oder schwacher Fundamentierung resultieren. Mangelhaft ausgeführte Teeranstriche oder -pappen tragen zu weiterer Leckbildung bei. Wenn in die Drainagerohre Wurzeln wuchern oder Lehm geschwemmt wird, staut sich bei Regengüssen Wasser im Fußbereich der Kellerwände an und führt zu Staudruck auf die Abdichtung. Bei den meisten älteren Wohnhäusern ist eine äußere Abdichtung der Kellerwände unumgänglich. Die Schachtungsarbeiten müssen zum Teil in Handarbeit und mit Baugrubenverbau hergestellt werden und sind daher sehr kostenintensiv.

Wenn aufsteigende Feuchtigkeit, ablesbar an weißlichen Ausblühungen und mürbem Innenputz, eine Sanierung der Feuchtigkeitssperren erforderlich macht, sind unabhängige Fachberater gefragt, die die optimale Auswahl aus verschiedenen Systemen treffen. Allerdings unterscheiden sich die

Um allzu tiefe Laibungen durch die nachträglich auf die Fassaden aufgebrachte Wärmedämmung zu vermeiden, wurden die neuen Holzaluminiumfenster bündig mit der Außenkante der Ziegelwände eingebaut. Ein Wintergarten wäre zu teuer geworden.
Bei schönem Wetter ermöglichen deshalb Schiebe-Falttüren, dass Luft und Sonne durch die großen Öffnungen in die Wohnräume gelangen kann.
Architekt: Hans Weidinger, Fürth

Verfahren nicht nur im Preis, sondern auch in der Lebensdauer der Sperrwirkung. Relativ günstig kommt das horizontale Aufsägen von Ziegelfugen oder die Bohrlochinjektion von Silikaten. Teurer sind dagegen zwei Verfahren, die sich bei technischen Problemen mit dem Bestand empfehlen: das Einrammen von Edelstahlblechen in horizontale Mauerfugen oder das abschnittsweise Abbrechen und Wiederaufmauern von Fundamenten mit hoch gebrannten Klinkern, mit einer zusätzlichen Trennlage.

Eine kostengünstige Alternative, die allerdings nicht überall funktioniert, besteht in einem elekro-osmotischen Ionenaustausch, wobei durch das Anlegen von Elektroden die im Mauerwerk enthaltenen Salze ausgefällt werden. Wenn ehemalige Kellerräume beheizt werden, müssen die Wände zusätzlich von außen gedämmt werden, wobei auch hier bis zur Fundamentsohle ausgeschachtet werden muss. Dabei ist auf eine handwerklich saubere Ausführung der Fugen zwischen den Dämmplatten und der Übergang zum Wärmedämmverbundsystem zu achten. Viele Siedlungshäuser weisen keine horizontale Dämmung zu den unbeheizten Kellerräumen auf. Sofern die lichte Höhe der Räume ausreicht, lassen sich nachträglich an der Unterseite der Decke Dämmplatten aufbringen, die nur dann energetisch sinnvoll sind, wenn sie durchgehend und ohne Hohllagen ausgeführt werden. Die Anschlüsse an die Außenwände sollten von einem Fachmann auch bauphysikalisch geprüft werden. Manchmal rühren aus falscher Detailausbildung neue Probleme her, wenn sich Tauwasser an den so genannten Kältebrücken niederschlägt.

Außenwände

Die Modernisierung eines Altbaus sollte bei den Außenwänden beginnen, da eine zusätzliche Dämmung der Wände allein bis zu 25 % der insgesamt möglichen Energieeinsparung ausmacht. Wohnhäuser aus den Jahren nach 1960 sind zwar im Vergleich zu früheren Bauphasen bauphysikalisch besser ausgestattet, jedoch sind auch bei ihnen Außenwandstärken um 30 cm die Regel und nach heutigem energetischen Standard nicht mehr ausreichend. Thermografische Bildaufnahmen weisen nach, wo die größten Kältebrücken und Wärmeverluste zu finden sind. Wenn die thermische Dichtigkeit der schützenden Putzschicht von einer Vielzahl von Schwund- oder Setzungsrissen verletzt ist, die Betondecken sich wegen mangelhafter Randabstellung als horizontale Risse abzeichnen und im Bereich von Fensterbrüstungen Nischen für Heizkörper die Wandstärke schwächen, sind außen aufgebrachte Dämmungen als putzsichtiges Wärmedämmverbundsystem oder gedämmte und hinterlüftete Fassaden mit Holz- oder Faserzementtafeln zu empfehlen. Als Werkstoffe kommen schwer entflammbarer Polystyrol-Hartschaum, kurz Styropor, nicht brennbare Mineral- oder Steinwolle oder alternativ Kork- oder Holzfaserplatten infrage.

Der jeweilige Dämmwert bestimmt auch die erforderliche Einbaustärke. Innen aufgebrachte Dämmungen haben bei massiven Bauwerken zwei bauphysikalische Nachteile: Zum einen kann die Kälte weiter ungehindert durch die Mauern bis zur Dämmungsebene durchdringen. Erst dann erfolgt eine Temperaturabsenkung. Zum anderen wird der Eintrag der Raumwärme in die Wand verhindert, sodass deren Wärmespeicherfähigkeit verloren geht. Der Wasserdampfeintrag in die kalte Wand ist bei wenig saugfähigen Wänden problematisch. Wenn Denkmalauflagen oder andere triftige Gründe gegen ein Dämmung von außen sprechen, sollten deshalb innen nur fachtechnisch geprüfte und rechnerisch nachweisbare Produkte, wie zum Beispiel porosierte Gasbetondämmplatten oder mehrschichtige Trockenbausysteme angewandt werden, um spätere Schäden zu vermeiden.

Eine alternative Dämmmöglichkeit bietet der Einsatz einer transparenten Wärmedämmung, abgekürzt TWD, aus lichtdurchlässigen Glasfaserplatten, die in Kombination mit einer schwarzen Absorberschicht im Winter Sonnenwärme speichert und im Sommer durch eine Hinterlüftung die Wärme abführt. Außenputze unterliegen als kurzlebige „Verschleißschicht" einer langjährigen Bewitterung und zeichnen sich oft durch geringe Anteile von Bindemitteln wie Kalk oder Zement aus.

Abgestimmt auf den Einsatzort und das Schadensbild des Altputzes sollten Produkte gewählt werden, deren hygroskopische und rissüberbrückende Fähigkeiten nachgewiesen sind; nicht generell sind teure Sanierputze erforderlich. Im Zuge einer Fassadensanierung, insbesondere wenn eine zusätzliche Dämmung aufgebracht wurde, sind sämtliche Blechverwahrungen und -abdeckungen mit breiter ausladenden Zuschnitten auszutauschen. Ebenso müssen Scharnierhaken von Fensterläden oder Befestigungen von Zäunen, Balkonen, Vordächern durch längere Dorne ausgetauscht werden.

Innenwände

Um 1950 begann der Vormarsch des Trockenbaus, da Gips als billiger Abfallstoff aus den Kokereien von Hütten und Kraftwerken zunehmend für die Bauindustrie zur Verfügung stand. Zum Teil wurden auch noch andere Abfallmaterialien wie Schlacke als günstiges Baumaterial entdeckt, wobei diese schlagartig in Misskredit geriet, weil sich zum Teil geringe Mengen radioaktiver Strahlung nachweisen ließen. In der Regel wird eine Entfernung von Bimsschlackewänden nicht notwendig sein. Wenn allerdings Bauherren auf besonders schadstoffarme Schwellenwerte abzielen, wird man sich zu einer Abtragung entschließen.

Generell wurde bei Häusern bis in die 60er-Jahre bei den Innenwänden an Masse gespart. Der ungenügende Schallschutz dünner Innenwände zwschen den einzelnen Räumen ist vergleichbar mit heutigen Standards in Billighäusern, in denen zum Teil Trennwände unter 100 mm eingebaut werden. Ein Nachbessern der Dezibelwerte durch zusätzliche Vorsatzschalen lohnt in Schlafräumen: eine Unterkonstruktion aus frei stehenden Blechprofilen mit Dämmschutzmatten im Hohlraum macht es möglich. Waagerecht verlaufende Schlitze und Durchbrüche schwächen die statische Wirkung von Innenwänden. Insbesondere tragende Wände verlieren durch beidseitige Schlitze auf etwa gleicher Höhe einen Teil ihrer tragenden Wirkung. Bevor statisch relevante Grundrissänderungen vorgenommen werden, muss ein Tragwerksplaner eingeschaltet werden, um spätere Schäden auszuschließen. Vibrationen bei Abbrucharbeiten führen oft dazu, dass sich die Putze vom Mauerwerk lösen und hohl liegen. Zusätzliche Verletzungen durch Kabelschlitze bewirken, dass größere Putzflächen ersetzt werden müssen. Um ungewollte Kostenmehrungen auszuschließen, sollte ein sorgsamer Abbruch bei einer Fachfirma beauftragt werden.

Fenster und Außentüren

Während der Industrialisierung des Bauens hat der Fensterbau, im Schlepptau der konstruktiv tragenden Elemente Beton und Stahl, eine stille Evolution vollzogen. Der Baustoff Glas, Synonym für Transparenz und Offenheit, eroberte die Außenwände und diente der Moderne als Aushängeschild. Gerade im Wohnungsbau wurden nun hygienische Bedingungen mit optimaler Belichtung gekoppelt. Waren Anfang des 20. Jahrhunderts noch einfach verglaste Sprossenfenster in den Häusern die Norm, so mutierten diese durch Aufdoppelung zu Kastenfenstern mit zwei hintereinander liegenden, einfach verglasten Fensterflügeln in einem tiefen Rahmen. Der Luftzwischenraum bewirkte eine erhebliche Energieeinsparung, auch wenn die Fugen der einfachen Fensterfälze noch relativ undicht waren. Bei den Verbundglasfenstern, die nach dem Zweiten Weltkrieg ihre Marktreife erlangten, wurden die zuvor voneinander getrennten Fensterflügel direkt aneinander gefügt. Zum Fensterputzen lassen sich die Flügel voneinander trennen. Dieses Fenstersystem hatte den Vorteil, dass die Fenster mit einem Griff geöffnet werden konnten. Es kamen vornehmlich Holzfenster zum Einsatz, da diese im Vergleich zu Stahlfenstern thermisch träger und dadurch weniger tauwasseranfällig waren. Langlebigere und strapazierfähigere Baustoffe

Dünne Wände und schlechte Fenster kennzeichneten diesen Hausvorbau im oberbayrischen Aresing. Im Zuge der Generalsanierung entstand ein neuer Essraum, der nicht komplett verglast werden sollte (Bild rechts).

wie Aluminium und Kunststoff als Rahmenmaterial erlangten erst in den 60er-Jahren Serienreife. Zeitgleich mit der technischen Perfektionierung nahmen die Fensterformate und Scheibengrößen stark zu.

War die ausgesprochen schmale Ansicht der Rahmenprofile und Sprossen markantes Kennzeichen älterer Fenster, so lassen sich heute ähnliche Profilbreiten bei dem gestiegenen Glasgewicht nur noch mit Spezialprofilen erreichen. Die ästhetische Wirkung dünner, glastrennender Fenstersprossen ist nur bedingt mit heute üblichen Glasscheiben möglich. Heutige Anforderungen an Fenster zielen nicht nur auf die effektivste Energieeinsparung, sondern in der Regel auch auf optimalen Schall-, Einbruchs- oder UV-Schutz ab. Der Wärmeverlust der energetischen Schwachstelle in der Außenhaut wird mit dem U_W-Wert – früher k-Wert – ausgedrückt. Im Vergleich zu herkömmlichen Fenstern mit einem U_W-Wert von 2,5 W/m²K liegen heutige Fenster bei der Hälfte mit 1,3 W/m²K. Sie sind in der Regel mit Isolierglasscheiben, das heißt untereinander mit einem Luftzwischenraum verklebten doppelten Glasscheiben ausgestattet. Noch höherwertige Scheiben mit drei verbundenen Glasscheiben oder mit Gasfüllungen des Scheibenzwischenraums werden aus Kostengründen nur bei Energiesparhäusern eingesetzt. Schallschutzfenster zeichnen sich durch mehr Fälze, dickere Außenscheiben und optimierte Fugendichtigkeit aus. Ein bis zwei Gummilippen im Falzraum sind heute ohnehin Standard.

Im Vergleich zu den Fensterbeschlägen zwischen 1960 und 1980, die offen liegende Umlenkstangen aufwiesen, gelten in der heutigen Beschlagtechnik verdeckt liegende Gestänge als Standard. Spezielle Treibriegel verhindern ein Aushebeln der Fenster und gelten in Kombination mit durchwurfsicheren Scheiben als einbruchshemmend. Beschichtungen und Einfärbungen der Gläser vermindern die Lichtdurchlässigkeit oder tragen zu Spiegelungen bei, die den UV-Anteil des Tageslichts mindern.

Auch Außentüren sollten auf ihre Tauglichkeit untersucht werden. Dort gilt es neben dem Wärme- besonders auf den Einbruchschutz zu achten. Bestehende Haustüren lassen sich kaum oder nur mit Mühe so umrüsten, dass sie heutigen Bedürfnissen genügen. Da die in den Baumärkten angebotenen Türen in der Regel nicht zu den Gestaltungsmerkmalen von Altbauten passen, sollten Bauherren, denen an der „Visitenkarte" ihres Hauses gelegen ist, die Mehrkosten für eine maßgefertigte Tür vom Schreiner oder Metallbauer aufbringen.

Die meisten Wohngebäude wurden ab 1960 mit Rollläden ausgestattet. Die Rollladenkästen waren ungedämmt und genügen keinesfalls heutigen Energieeinsparrichtlinien. Zudem durchströmt kalte Außenluft ungehindert den Hohlraum oberhalb des Fensters. Im Zuge einer Modernisierung muss auch hier Abhilfe geschaffen werden. Wenn an Stelle von Fenstern durch Abbruch der Brüstungen Türfenster geschaffen werden, reicht die Mauertiefe in der Regel nicht aus, um einen gedämmten Kasten, der den größeren Radius des aufgewickelten Rollladens aufnehmen kann, unterzubringen. Dann müssen entweder dünnere Rollladenpanzer oder sichtbar aufgesetzte Rollladenkästen als eher unbefriedigende Notlösungen gewählt werden. Es sei denn, die Außenfassade wird zusätzlich gedämmt und es entsteht dadurch mehr Einbautiefe. Bei breiteren Fenstern mit entsprechend großen Behängen empfehlen sich Aluminiumpanzer, die sich bei starkem Wind nur wenig durchbiegen und damit nicht aus den Führungsleisten gleiten. Nur bis zu einer Behanggröße von etwa 1,50 m² können die Rollläden problemlos mit Gurten bedient werden, über dieser Größe sollten elektrische Motoren als Antrieb eingesetzt werden.

Decken und Treppen

Wie schon erwähnt, erlaubten die Betondecken, die ab 1960 zum Standard eines Einfamilienhauses gehörten, eine freiere Raumaufteilung. Deshalb werden heute außer bei Holzskelettbauten kaum noch Holzbalkendecken gebaut, denn Betondecken haben gegenüber Holzdecken – vereinfacht gesagt – drei Vorteile: erstens können mit relativ schlanken Konstruktionen größere Spannweiten überbrückt werden, zweitens ist das monolithische System in sich steifer und drittens gilt Beton, sofern er richtig verarbeitet wird, als geradezu unzerstörbarer Baustoff. Letzterer Vorteil hat Beton in den Jahren ab 1970 in Misskredit gebracht, da man dessen steinerne Haptik mit Gefühllosigkeit in Verbindung brachte. Großsiedlungen wie das Märkische Viertel in Berlin polarisierten die damalige Diskussion. „Pro oder kontra

Feststehende Verglasungen mit integrierten, zum Teil quer liegenden Holzflügelfenstern unterstreichen nicht nur ein zeitgemäßes Design, sondern vermitteln auch funktionelle Prägnanz.
Architekten: Huber + Lugmair, Dachau

Betonsilos" lautete die simplifizierte Gesinnungsfrage. Heute wissen wir, dass Soziologen und Ökologen das Kind mit dem Bade ausschütteten. Es liegt nicht am Beton, sondern „an dem, was man daraus macht", wie die Zementindustrie mit ihrem Slogan richtig erkannte. Baubiologische Bedenken, dass die in Betonbauten enthaltenen Stahlgitter einen krank machenden Faraday'schen Käfig erzeugten oder dass Zuschlagstoffe wie Zement und Sand gesundheitsschädliche, radioaktive Strahlen entwickeln würden, haben sich in zahlreichen Messungen als unrichtig nachweisen lassen. Ironischerweise kam auch der Wiener Maler Hundertwasser, der der gängigen Architektur mit seinen bunten Fantasieburgen entgegen trat, ohne Beton nicht aus. Beton ist ein beinahe „natürlicher" Baustoff. Er entsteht unter Hitzeentwicklung aus dem Abbindeprozess von Wasser mit gebranntem Kalksteinpulver – in Anlehnung an den bei den Römern verwendeten Begriff „opus caementitium" als Zement bezeichnet – und körnigen Sand- und Kiesbeimischungen. Das entstandene Konglomerat härtet ohne zusätzliche, beschleunigende Mittel nach zirka 28 Tagen zu einem künstlichen „Stein" aus, der dem in der Natur vorkommenden Nagelfluh ähnlich sieht. Den Nachteil von Beton, der in seiner geringen Zugkraft besteht, gleicht die Kombination mit Stahlstangen oder -gittern aus. Das Mischprodukt Stahlbeton verwandelt sich zu einem sehr belastbaren Baustoff, dem aber Haltbarkeitsgrenzen gesetzt sind. Ungeschützte Betonoberflächen sind vielen Belastungen ausgesetzt: Regen, Hitze, Frost, Auto- und Industrieabgasen. Um Rost an den Stahlteilen zu verhindern, müssen diese ausreichend ummantelt sein. An dieser simplen Voraussetzung „haperte" es aber noch in den Anfangsjahren des Betonbaus. Wenn die Armierungseisen zu wenig Überdeckung haben, kommen sie über feine Haarrisse in Kontakt mit der Luft, sodass der darin enthaltene Sauerstoff und aggressive Schwermetalle die Oberflächen zersetzen. Der Rostfraß dehnt sich zunehmend aus und lässt die schützende Betonschicht abplatzen, bis zum Schluss eine Betonsanierung ansteht, die nur von fachlich geprüften Firmen ausgeführt werden darf.

Besonders bei Wohnhäusern ab 1970 sind Balkonplatten, Betontreppen im Freien und auskragende Dachuntersichten manchmal so stark geschädigt, dass sie abgebrochen und neu erstellt werden müssen. Verständlicherweise sind die Kosten hoch. Nach Freilegen der schadhaften Eisen müssen diese entweder ersetzt, neu verschweißt oder mit plastifizierenden Schutzanstrichen beschichtet werden bevor ein hoch fester Spritzbeton in mehreren Lagen aufgebracht werden kann. Darüber hinaus wurde bei älteren Betondecken der bauphysikalische Nachteil des Betons, seine relativ gute Wärmeleitfähigkeit, nicht beachtet. Die äußeren Betonränder dürfen keine so genannte Kältebrücke bilden, um Ausdehnungen oder Schrumpfungen der Betondecke bei Temperaturänderungen zu vermeiden. Häufig kann der Mangel behoben werden, wenn auf die komplette Außenwand eine neue Dämmung aufgebracht wird. Weitere Problempunkte tauchen auch bei Betontreppen auf, die monolithisch mit den Decken verbunden sind. Trittschallgeräusche werden so in die Decken geleitet und führen zu unangenehmen Störungen. Eingeschränkte Abhilfe schaffen federnd aufgelagerte Trittstufen. Allerdings müssen dann ebenso die anschließenden Bodenbeläge aufgedoppelt werden, um das Steigungsverhältnis wieder durchgängig einzuhalten.

Dächer und Kamine

Das Dach eines Hauses trägt mit rund 16 % Anteil zum Energieverlust eines Gebäudes bei. Die erhebliche Fläche, die ein Steildach aufweist, steht bei kleinen Häusern in einem ungünstigen Verhältnis zur sonstigen Außenfläche. Jahrhundertelang galt das Steildach als handwerkliches Muss im regen- und schneereichen Norden und hat sich als Archetyp in den Kinderbildern verewigt. So zeichnen sich bis 1960 errichtete Häuser bis auf wenige Prototypen der Moderne durch Steildächer aus. Erst danach begann das Flachdach Land zu gewinnen. Von den Nationalsozialisten war es unter das Verdikt des Nicht-Arischen gestellt worden und blieb deshalb bei der Mehrheit der Bevölkerung bis in die 50er-Jahre mit dem Makel des Fremden behaftet. Maßgeblichen Anteil an seiner Verbreitung hatte die technische Entwicklung von ausgereifteren Bitumenbahnen und Anschlussdetails. Zeitgleich machte sich auch die weitgehende Unabhängigkeit von der Vorratshaltung im Haushalt bemerkbar, die Keller und Trockenspeicher überflüssig

Auf den ersten Blick nicht erkennbar, verbirgt sich unter der Fassade eine vorgefertigte Holz-Konstruktion, die auf dem bestehenden gemauerten Sockelgeschoss aufliegt. Um den Lichteinfall in das Atelier, das sich hinter dem großen Fenster befindet, nicht zu schmälern, wurde die Außenhaut des Treppenvorbaus abgerundet. Architektin: Jutta Klare, Köln

machte. Deshalb standen die beim Steildach üblichen Spitzböden vielfach leer und wurden erst bei zunehmender Verknappung billigen Wohnraums ausgebaut.

Anders als Steildächer wurden Flachdächer von Beginn an gedämmt. Dabei unterschied man zwischen zwei verschiedenen Systemen: dem Warmdach, bei dem die Dämmung und Abdichtung unmittelbar aufeinander liegen, oder dem Kaltdach, bei dem der Hohlraum zwischen Dämmung und Abdichtungsbahnen von Luft durchströmt wird. Flachdächer aus den Jahren von 1960 bis 1980 und darüber hinaus weisen oft eklatante Fehler auf, die nicht auf handwerkliches Verschulden, sondern auf den damals allgemein üblichen Stand der Technik zurückzuführen sind. Gerade bei Flachdächern sollte deshalb Wert auf Qualität gelegt werden. Insbesondere die obersten Dachbahnen, die auf Bitumenbasis hergestellt werden, verlieren, wenn sie nicht beschiefert oder mit Rollkies bedeckt sind, im Laufe der Jahre ihre Elastizität. Sie werden dann spröde und undicht. Gleiches gilt für die an den Rändern hochgezogenen Attiken und Aufkantungen, die sich mit der Zeit aus den Halterungen lösen. Es bilden sich Fugen, in die Wasser eindringen kann. Wohlmeinend verließ man sich früher auch auf die Funktionsfähigkeit von gefällelosen Dächern, auf denen nach jedem Regenguss Wasserpfützen stehen bleiben. Die Flachdachrichtlinien haben mittlerweile eine erhebliche Standardverbesserung erfahren. Heutige Dachbahnen sind entweder hochwertige Kompositprodukte aus Bitumen und Glasfasern, verklebte Kunststoffbahnen oder mit Flüssigkunststoffen getränkte Gewebe. Überlappungsstöße, Mauerwerksanschlüsse oder Klemmflansche, Attikadetails oder Durchdringungen wurden technisch und handwerklich ausgefeilt, sodass alle vorkommenden Ecken und Kanten gemeistert werden können.

Fingerspitzengefühl und saubere Detailarbeit eines Architekten ist dann gefragt, wenn knappe Dachränder saniert werden müssen. Schäden, die sich aus Gebäudedehnungen in der Dachfläche ergeben, können durch Einbau von zusätzlichen Fugenbändern vermieden werden. Wenn der Abbau des alten Dachaufbaus nicht infrage kommt, müssen relativ teure Flüssigkunststoffe auf die alte Dachhaut aufgebracht werden. Reicht die Tragfähigkeit der Decke aus – das ist anhand von Bestandsplänen vorher vom Statiker zu prüfen –, lassen sich Flachdächer auch begrünen. Mit Gründächern sollten nur Spezialfirmen, die ausreichende Referenzen auf diesem Gebiet vorweisen können, beauftragt werden. In Kombination mit begehbaren Dachterrassen können in beengten Verhältnissen kleine Oasen als Gartenersatz entstehen. Im Zuge einer Dachsanierung sollten alle Kamine, sofern sie weiter in Betrieb bleiben, auf ihre Tauglichkeit hin untersucht werden. Waren die Kaminköpfe nicht verblecht, so wurden die Fugen im Laufe der Jahre bei Frost gesprengt und im Sommer durch Regen ausgewaschen. Im fortgeschrittenen Stadium lockerten sich dann einzelne Ziegel, sodass ein Abriss und neuer Aufbau oft unumgänglich sind.

Haustechnik

Gemeinhin versteht man unter Modernisierung eine technische Sanierung. Wenn auch die Lebensdauer der einzelnen Geräte und Objekte länger sein mag, so ist deren technischer Standard schon innerhalb eines Jahrzehnts veraltet. Deshalb schreibt die Energieeinsparverordnung vor, dass „Heizkessel, die mit flüssigen oder gasförmigen Brennstoffen beschickt werden und vor dem 1. Oktober 1978 eingebaut oder aufgestellt worden sind, bis zum

31. Dezember 2005 außer Betrieb" genommen werden müssen. Dazu muss man wissen, dass die Wirkungsgrade konventioneller Kessel bei 80 bis 90 % liegen, während heute übliche Brennwertgeräte, mit Rückgewinn der Kondensat-Abwärme mehr als 100 % erreichen.

Im Zuge des Heizungsumbaus muss auch die Qualität des Schornsteins überprüft werden. Vom zuständigen Bezirkskaminkehrer erfährt man vor Baubeginn, ob der Querschnitt für die gewünschte Kesselart ausreichend ist. Bei den niedrigen Abgastemperaturen heutiger Heizungen sollten die Kamine mit innen liegenden Edelstahl- oder Formziegelrohren ausgekleidet werden, damit sie nicht versotten. In der Regel besitzen Einfamilienhäuser zentrale Heizanlagen, obgleich bei mehreren Generationen unter einem Dach auch dezentrale Gasthermen vorstellbar sind. Eine Alternative zu fossilen Brennstofföfen stellen moderne Holzbefeuerungen mit so genannten Pellets dar.

Leider nutzen alle Finessen im Heizraum nichts, wenn die Wärme dort, wo man sie braucht, nur partiell ankommt. In Häusern um 1960 geben nicht oder schlecht gedämmte Leitungen aus Stahlrohr bis zu einem Drittel der transportierten Heizwärme an Mauern und Decken ab, sodass die Heizung sehr träge reagiert. Dort, wo die gedämmten Leitungsquerschnitte nicht mehr unter Putz verlegt werden können, bieten sich so genannte Heizleisten – allerdings ästhetisch unschön – zur Aufputzmontage an. Wer interessante Alternativen zu den herkömmlichen Heizkörpern sucht, kann auf die bereits von den Römern entwickelten Hypokausten- oder Hohlkammer-Wandheizung, auf Konvektoren oder Fußbodenheizungen zurückgreifen.

Ebenso sollte die Erwärmung des Brauchwassers in die Modernisierung einbezogen werden. Bis in die 80er Jahre galten dezentrale Boiler, die wegen des ungefilterten Frischwassers leicht verkalkten, in den meisten Haushalten als Standard. Heute zählt ein zentraler Boiler in Kombination mit dem Heizungsbrenner zur Grundausstattung. Interessant für umweltbewusste Bauherren ist auch die Tatsache, dass Wärmegewinne aus sekundären Energiequellen hier eingespeist werden können: sei es aus solarthermischen Anlagen auf dem Dach oder aus Wärmepumpen, die die Wärme von Erde oder Grundwasser nutzen, oder auch aus dem Strom fotovoltaischer Zellen. Neben der Heizung entspricht meist auch die Sanitärausstattung in den Altbauten ab 1960 nicht mehr unseren heutigen Vorstellungen. Weit verbreitete Druckspülungen von Toiletten sind im ganzen Haus zu hören. In alpinen Gegenden sind die Rohrquerschnitte älterer Wasserleitungen durch Kalkablagerungen verengt, sodass kaum Druck in der Leitung ist. In kleinen Bädern sollten im Zuge einer Modernisierung Wände versetzt, Fensteröffnungen vergrößert und modisch bunte Sanitärobjekte ausgetauscht werden. Eine fachlich einwandfreie Abdichtung der Nassräume ist zu empfehlen. Gerade bodenbündige Duschen weisen oft Leckstellen auf, sodass Wasser die Deckenabhängungen im Geschoss darunter durchfeuchtete. In Gebäuden, die nach 1960 errichtet wurden, liegen die Elektroinstallationen in Wohnräumen in der Regel schon unter Putz. Lediglich in untergeordneten Lagerräumen finden sich noch Aufputzkabel. Die Stückzahl von Steckdosen und Schaltern entspricht bei Wohnbauten aus dieser Zeit nicht mehr heutigen Bedürfnissen, sodass nachgerüstet werden muss. Werden dann leistungsfähigere Kabel und Absicherungen notwendig, garantieren heute moderne Putzfräsen und Dosenbohrer anstelle früher üblicher Stemmarbeiten eine fast erschütterungsfreie Neuverlegung.

Der Standard heutiger Bäder hat sich nicht nur optisch sehr verändert. Neue Armaturen sind feiner regulierbar. Alle Leitungen werden heute generell unter Putz verlegt und gedämmt, Schallbrücken werden vermieden.

Leitsystem

Projekte mit den folgenden Sanierungs-schwerpunkten, Besonderheiten, Baukosten usw. sind hier schnell aufzufinden.

Baujahr Bestand 1960 – 1970: S. 22 – S. 79
Baujahr Bestand 1970 – 1980: S. 80 – S. 113
Baujahr Bestand nach 1980: S. 114 – S. 125

Anbauten in Massivbauweise
S. 34, S. 64, S. 68, S. 88, S. 94, S. 110

Aufstockungen
S. 22, s. 26, S. 30, S. 50, S. 60, S. 76, S. 88, S. 98, S. 102

Austausch der alten Fenster durch neue Isolierglasfenster
S. 22, S. 26, S. 34, S. 42, S. 46, S. 60, S. 64, S. 68, S. 72, S. 80, S. 84, S. 88, S. 106, S. 114

Baukosten unter 1.200 Euro je m²
S. 22, S. 26, S. 42, S. 50, S. 64, S. 80, S. 94, S. 114, S. 118

Flachdachsanierung
S. 42, S. 80, S. 88, S. 102, S. 106

Gesamtkosten unter 150.000 Euro
S. 30, S. 46, S. 98, S. 118

Teilweise oder komplette Heizungssanierung
S. 22, S. 34, S. 38, S. 42, S. 50, S. 64, S. 72, S. 76, S. 80, S. 94, S. 106,

Umgestaltungen von Bädern
S. 26, S. 34, S. 42, S. 80, S. 88, S. 94, S. 106, S. 110, S. 114,

Vorfertigung in Holzbauweise
S. 22, S. 26, S. 30, S. 46, S. 50, S. 60, S. 72, S. 76, S. 84, S. 98

Zusätzliche Wärmedämmung an Außenwänden oder Dächern
S. 22, S. 26, S. 34, S. 38, S. 42, S. 54, S. 60, S. 64, S. 72, S. 98, S. 102, S. 114

Projekte

Ökologisches Bausystem mit Raffinesse

Aufstockung eines Wohnhauses in Dornbirn/Österreich
Architektin: MM3 Architektur, Karin Simma-Strasser, Dornbirn/Österreich

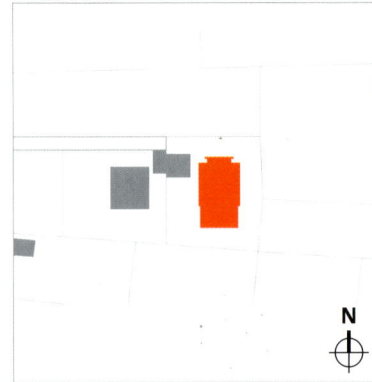

Lageplan

Projektübersicht:

🏠 **Aufgabe:**
Aufstockung eines Wohnhauses in Dornbirn/Österreich

Bedingungen:
Geringe Belastbarkeit des Altbaus, EG möglichst unangetastet, ungedämmter und unverputzter Rohbau

🏠 **Lösung:**
Sanierung des EG, modulares ökologisches Holzbausystem der Aufstockung

Sonstiges:
Nur 4 Monate Bauzeit

🏠 **Bauweise und Materialien Aufstockung**

Wände:
Vorgefertigtes Holzmodulsystem inklusive Dämmung, Installation und Trockenbau

Decken:
Holzfertigelemente in Fischbauchform

Dächer:
Holztragwerk in Fischbauchform mit Flachdachabdichtung

Wie viele Bücher sind nicht schon über Vorfertigung und modulares Bauen im Wohnbau erschienen! Neben diversen Fertighaus-Katalogen, deren Angebot in gestalterischer und konstruktiver Qualität meist bedenklich dünn ist, findet das Thema bei potenziellen Bauherren wenig Anklang. Zu Unrecht, wie folgendes Beispiel aus Vorarlberg demonstriert! Die Architektin hatte bei dem Entwurf für eine Aufstockung auf ein Holzbausystem zurückgegriffen, das von Prof. Schmid-Bleek am Wuppertal-Institut der TU Braunschweig auf verantwortungsvollen Umgang mit Ressourcen unter dem Fachterminus MIPS (material input per units) geprüft wurde.

Baubiologie stand im Vordergrund, als das elterliche Haus von zwei Geschwistern so umgebaut werden sollte, dass zwei getrennt nutzbare Einheiten entstünden. Dabei sollte der massiv gemauerte Bau, der noch nicht einmal verputzt war, bis zur Erdgeschossdecke abgetragen werden und unten die Wohnung der Schwester, oben auf zwei neuen Geschossen den nach

Ruppig und rau zeigte sich das Haus der Eltern bis zum Umbau.

Nicht nur Fläche, auch Wohnqualität wurde gewonnen. Vor der großen Südverglasung lädt eine Terrasse zum Sitzen ein. Das etwas aus der Außenflucht eingerückte Dachgeschoss lässt Platz für eine zweite Terrasse.

Einziger Anbau auf dem schmalen Grundstück ist ein an zwei Seiten verglastes Treppenhaus, das einen unabhängigen Zugang zu der oberen Wohnung garantiert.

Ein schlichtes, halbhohes Regal dient im Vorraum der Dachmaisonette als Brüstung des Treppenauges.

An der Decke über der frei im Raum stehenden Küche lässt sich die gebogene Untersicht der Fischbauchträger ablesen.

Vorarlberg zurückgekehrten Bruder aufnehmen. Die obere Wohnung wurde über eine Treppe vor der bestehenden Außenwand erschlossen; der Zugang zur Erdgeschosswohnung wurde nicht verändert.

Die Korrekturen am Sockelgeschoss beschränkten sich auf geringe Eingriffe im Sinne einer besseren Energiebilanz: neue Holzfenster und eine Korkdämmung an der Außenfassade. Auch bei der Aufstockung mit oben erwähnten Holzfertigteilen kamen nur baubiologische Produkte zur Anwendung. Die wetterdichte Hülle aus waagerechten Lärchenholzbrettern blieb unbehandelt. Als Wärmedämmung in den Wandpaneelen wurde heimische Schafwolle aus Osttirol eingebaut. Innen wurden die Wände mit einem Lehmputz auf Trockenbauplatten überzogen. Um den nur 8,50 m breiten Hausgrundriss möglichst in einem Stück ohne tragende Zwischenwände zu überdecken, kamen vorgefertigte Deckenelemente, deren Untersicht sich wie ein Fischbauch krümmt, zum Einsatz. Diese Form spart Material und damit Ressourcen und entspricht gleichzeitig in etwa der statisch auftretenden „Biegemomentenlinie". Diese wird in Relation zu der in etwa zu- und abnehmenden Belastung an der optimierten Dicke ablesbar. Die lange Planungszeit für die exakte Vorfertigung machte die kurze Bauzeit wett. Nach dem Abbruch vergingen gerade einmal vier Monate, bis der Bauherr im Obergeschoss einziehen konnte.

Ökologisches Bausystem mit Raffinesse

Wenn die großen Schiebeflügel offen sind, geht die Terrasse optisch in den Wohnraum über.

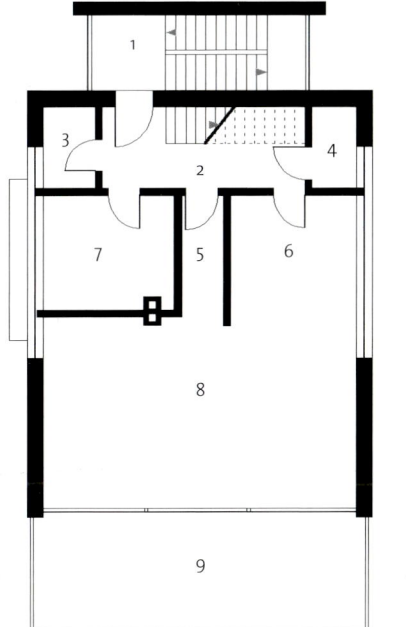

Obergeschoss
M 1:200

1 Treppenhaus
2 Diele
3 Toilette
4 Abstellraum
5 Flur
6 Küche
7 Arbeiten
8 Wohnen
9 Terrasse

Baudaten:

Baujahr Bestand:
ca. 1960
Bauweise:
Betonstein-Mauerwerk mit Betondecken
Baujahr Umbau:
1999
Grundstücksgröße:
605 m²
Wohnfläche vorher/nachher:
ca. 130 m²/230 m²
Anzahl Bewohner:
3
Baukosten gesamt:
260.000 Euro
Baukosten je m²:
1.160 Euro

Kein Raum wird unter der Verbindungstreppe vergeudet. Kleine Schubfächer können als Stauraum für Kleinkram verwendet werden.

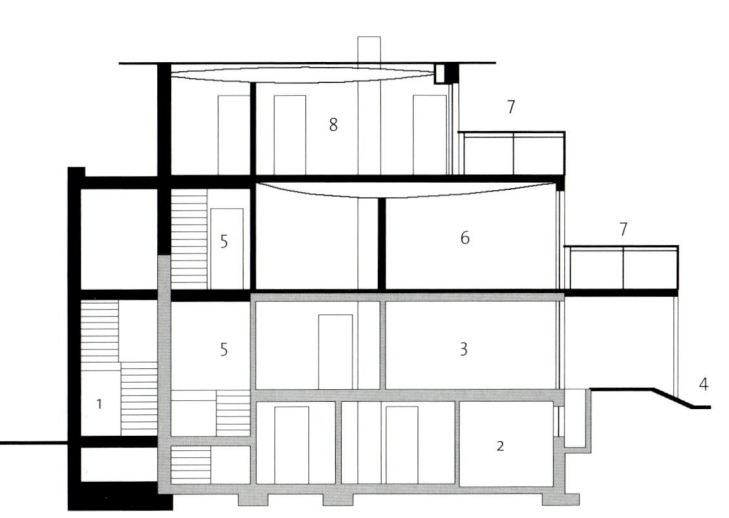

Schnitt
M 1:200

1 Treppenhaus
2 Keller
3 Wohnung Schwester
4 Garten
5 Diele
6 Wohnung Bruder
7 Dachterrasse
8 Schlafen

Silhouettenwechsel

Aufstockung eines Wohnhauses in München
Architekten: Der Hausladen der Architekten Klingholz, Fürst und Niedermeier, München

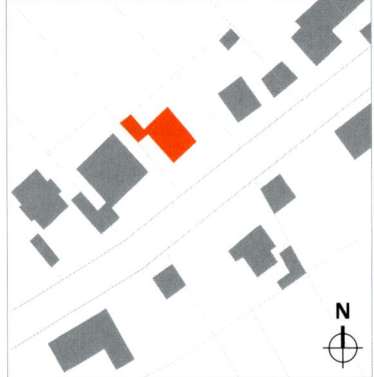

Lageplan

Das Haus mit Walmdach vor dem Umbau.

Projektübersicht:

🔺 **Aufgabe:**
Aufstockung eines Wohnhauses in München
Bedingungen:
Walmdach, Grundriss zu klein
🔺 **Lösung:**
Abbruch des Walmdachs und neue Aufstockung mit Dachterrasse
Sonstiges:
Deckendurchbrüche als Galerien und Lufträume, Außenwände mit neuen Fensteröffnungen und Wärmedämmverbundsystem
🔺 **Bauweise und Materialien**
Aufstockung
Wände:
Dickholzwände gedämmt und mit hinterlüfteter Schalung bzw. Titanzinkverblechung
Decken:
Stahlbeton, Bestand mit Solnhofer Platten im EG. Dielenboden im OG und DG
Dächer:
Flachdach mit Folienabdichtung und Lärchenholzterrasse

Modernisierungen gehen meist mit Grundrisserweiterungen einher, die sich aus veränderten Bedürfnissen der Bewohner ergeben. Das gesellschaftliche Phänomen des steigenden Pro-Kopf-Verbrauchs an Wohnraum zeigt sich meist dann, wenn der Besitzer wechselt. Im Stadtteil Trudering erwarb eine Familie mit zwei Kindern ein älteres zweigeschossiges Haus mit einem pyramidenförmigen Walmdach. Die kleinteiligen Räume lassen die Grundrisse eng und ungünstig geschnitten erscheinen, sodass ein Ausbau des Daches ins Auge gefasst wird. Die Aufgabe der mit dem Umbau beauftragten Architekten war also präzise formuliert.

Nach den ersten Vorüberlegungen und Aufmaßen war klar, dass sich das Walmdach aufgrund seiner flachen Neigung nicht für einen Ausbau eignete und abgebrochen werden sollte. In Verhandlungen mit der Baubehörde einigte man sich auf einen Ersatz durch eine Aufstockung, die nur einen Teil der Dachfläche einnehmen durfte, da ein Ausbau der vollen Geschossfläche rechtlich nicht zulässig gewesen wäre. Der Baukörper wurde zudem an der rückwärtigen Seite platziert, sodass er von der Straße aus nur partiell zu sehen ist. Den Rest der Dachfläche nimmt eine neu gewonnene Terrasse ein, die von einer Brüstung umwehrt wird und mit Lärchenrosten belegt ist.

Ähnlich effektiv wie bei der Umwandlung des Dachvolumens setzten die Architekten das Skalpell bei der Gestaltung der darunter liegenden Geschosse an. Durch die Auslagerung des Elterntrakts auf das Dach sollte das Obergeschoss, das den Kindern vorbehalten wurde, mit dem Erdgeschoss eine vertikale Verbindung durch offene Lufträume erhalten. An zwei Stellen wurden die Betondecken ausgesägt und mit Brüstungen ummauert. So öffnet sich bereits in der Eingangsdiele ein Luftraum zum Flur des Obergeschosses, in dem auch die Untersicht der Treppe zum Dachgeschoss erkennbar wird. Die neu gewonnene Raumhöhe lässt das Haus größer erscheinen als es tatsächlich ist. Ähnlich befreiend wirkt die doppelte Raumhöhe im Wohnraum, die von einer Galerie, auf der die Kinder spielen können, durchquert wird. Neben einer komplett neuen Haustechnik wurde auch außen der Standard eines Niedrigenergiehauses als Messlatte angelegt. Neue putzbündige Fenster sitzen in zusätzlich gedämmten Putzfassaden.

Ein modernes Gesicht offenbart das Haus nach dem Umbau. Die kantige Kontur mit den großen Türfenstern in den eingerückten Loggien lässt nicht mehr auf die vormalige Gestalt schließen.

Die klare Umrisslinie des Gebäudes kontrastiert mit den leicht geneigten Dachkonturen der neuen Aufstockung.

Die Aufstockung birgt das Bad und das Schlafzimmer der Eltern, vor dem sich eine Dachterrasse ausbreitet.

Nicht nur die Gestalt, auch der Energiestandard wurde modernisiert.

Zentrum des Obergeschosses ist die Diele mit der neuen Treppe, die im Luftraum, der bis ins Erdgeschoss reicht, bis nach oben in die Aufstockung führt.

Blick ins Wohnzimmer mit der Galerie des Obergeschosses.

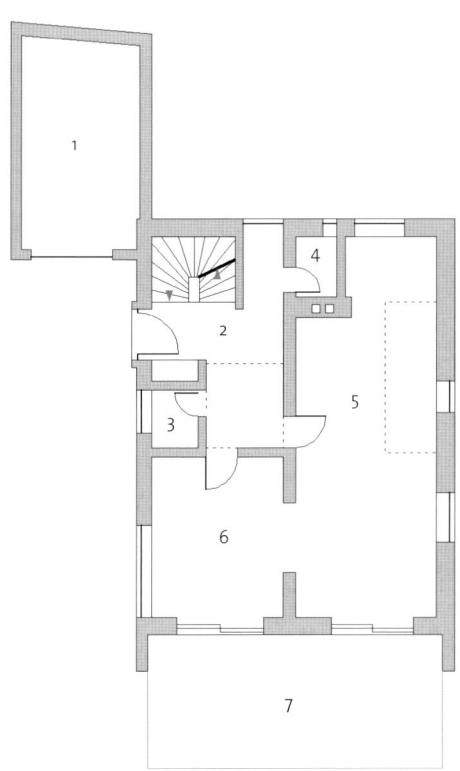

Erdgeschoss
M 1:200

1 Garage
2 Diele
3 Garderobe
4 Toilette
5 Wohnraum
6 Küche
7 Terrasse

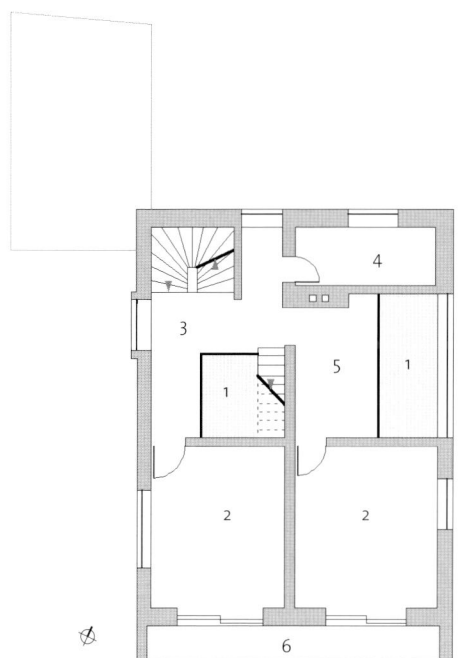

Obergeschoss
M 1:200

1 Luftraum
2 Kinderzimmer
3 Diele
4 Bad
5 Galerie
6 Balkon

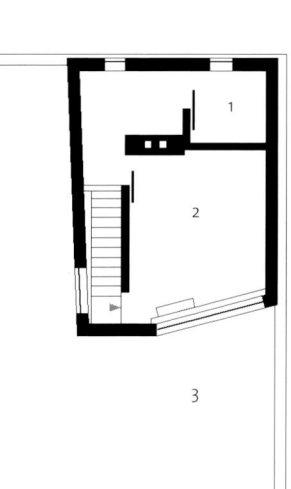

Dachgeschoss
M 1:200

1 Bad
2 Eltern
3 Dachterrasse

Baudaten:

Baujahr Bestand:
ca. 1960
Bauweise:
Mauerwerk mit Betondecken
Baujahr Umbau:
2002
Grundstücksgröße:
510 m²
Wohnfläche vorher/nachher:
155 m²/186 m²
Anzahl Bewohner:
4
Baukosten gesamt:
210.000 Euro
Baukosten je m²:
1.130 Euro

Außen gediegen, innen pfiffig

Aufstockung eines Wohnhauses in Gerlingen bei Stuttgart
**Architekten: Architektur 109,
Mark Arnold + Arne Fentzloff, Stuttgart**

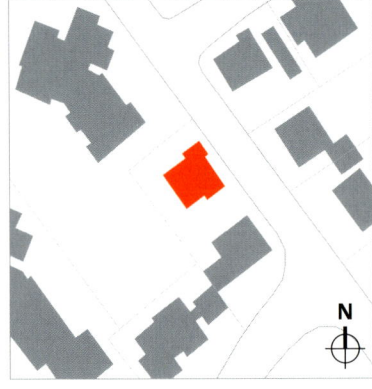

Lageplan

Projektübersicht:

🔺 **Aufgabe:**
Aufstockung eines Wohnhauses in Gerlingen
Bedingungen:
EG mit Praxis und angebautem Wintergarten sollte erhalten bleiben
🔺 **Lösung:**
Aufstockung auf das OG, Zusammenlegung zu einer Wohnung
Sonstiges:
Wegen Systemfertigung verkürzte Bauzeit
🔺 **Bauweise und Materialien**
Aufstockung
Wände:
Vorgefertigte Holz-Massivkonstruktion mit Dickholzwänden
Decken:
OG Stahlbetondecke als Bestand
Dächer:
Giebeldach mit Ziegeldeckung

Der Besitzer eines Einfamilienhauses hatte auf seinem kleinen Grundstück keine große Wahl für eine Wohnraumerweiterung. Zehn Jahre zuvor hatte er seine eigenen Praxisräume im Erdgeschoss und Keller, die vorher als Wohnraum gedient hatten, ins Haus integriert. Dadurch schrumpfte die Wohnfläche auf das Obergeschoss zusammen. Im Laufe der Zeit genügten die beengten Räumlichkeiten den gestiegenen Bedürfnissen nicht mehr, sodass der Spitzboden des Daches ausgebaut werden sollte. Die Architekten Mark Arnold und Arne Fentzloff, die mit dem Umbau und der Aufstockung betraut wurden, mussten auf den Praxisbetrieb im Erdgeschoss Rücksicht nehmen. Das bezog sich ebenfalls auf den vom Bauherrn bereits früher angebauten Glasvorbau, der die Treppe zu der Praxisräumen im Keller belichtet. So beschränkte sich der Eingriff der Modernisierung auf den Umbau des Obergeschosses, den Abbruch des ehemaligen Daches und die Aufstockung durch einen Holzmassivbau in Form von Dickholz-Fertigteilwänden im Dachgeschoss.

Die örtlich geltenden Bauvorschriften legten ein Satteldach üblichen Zuschnitts fest. Trotz dieser Einschränkung gelang es, die Neugestaltung der zusätzlichen Bauteile des Hauses so weit zu reduzieren, dass wenige markante Fassadendetails wie zum Beispiel eine rahmenlose Eckverglasung ausreichen, um die insgesamt ruhige Flächigkeit der hinterlüfteten Lärchenschalung gegenüber dem weiß verputzten Sockel zu akzentuieren.

War die Fassadengestaltung, wie zuvor beschrieben, einigen Kompromissen unterworfen, so zeigen die Innenraumdetails einen unverwässerten, architektonischen Anspruch. Das Obergeschoss wurde bis auf die Neugestaltung des Treppenhauses nur geringfügig von den Umbaumaßnahmen betroffen. In Fortführung der Haupttreppe dient im neuen Dachgeschoss ein annähernd quadratischer Raum als Diele, die durch Dachfenster von oben Tageslicht erhält. Die gebogene Rückwand der Dusche im Bad baucht aus der Wandflucht aus, um ebenfalls Tageslicht durch eine kleine Deckenöffnung einzufangen. Die übrigen Räume dienen als Schlafzimmer, die zum Teil getrennt oder zusammengelegt werden können.

Der Glasanbau sollte auf Wunsch des Bauherrn erhalten bleiben. Die Modernisierung bezog sich lediglich auf das Ober- und Dachgeschoss, während der Praxisbetrieb im Erdgeschoss störungsfrei weiterlaufen musste.

Einen Farbtupfer setzt die Duschrückwand in der weiß gestrichenen Diele.

Die Wölbung der Duschwand erklärt sich durch das dahinter sichtbare Oberlicht der Diele.

Die Leuchten im Treppenhaus wurden bündig in Wände und Fußboden eingebaut. Die Treppenstufen sind mit schwarzem Schiefer belegt.

Etwas erhaben
auf einem Holzpodest
thront die Badewanne.

Baudaten:

Baujahr Bestand:
ca. 1960
Bauweise:
Mauerwerk mit Betondecken
Baujahr Umbau:
2002
Grundstücksgröße:
385 m²
Wohnfläche vorher/nachher:
100 m²/192 m²
Anzahl Bewohner:
2
Baukosten gesamt:
120.000 Euro
Baukosten je m²:
1.300 Euro

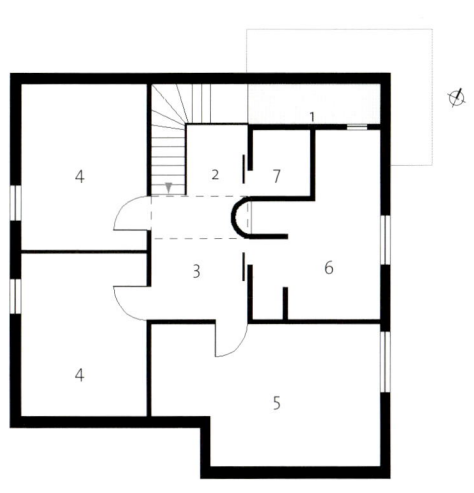

Dachgeschoss
M 1:200

1 Luftraum
2 Arbeitsecke
3 Diele
4 Zimmer
5 Schlafen
6 Bad
7 Abstellraum

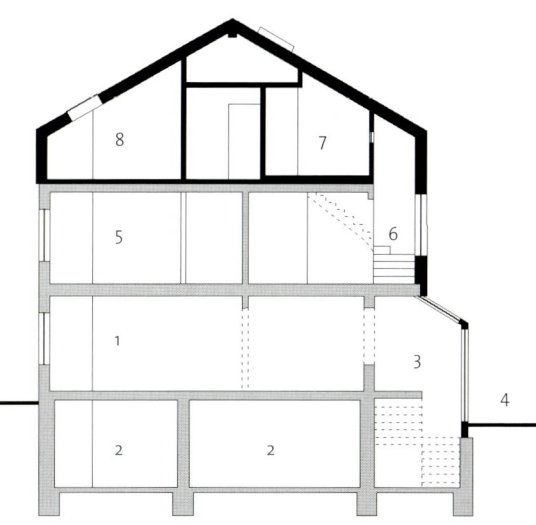

Schnitt
M 1:200

1 Praxisräume
2 Archiv und Praxis
3 Wintergarten
4 Garten
5 Wohnebene
6 Treppenraum
7 Bad
8 Schlafen

Hanghaus mit Weitblick

Aufstockung und Anbau eines Wohnhauses in Linz/Österreich
Architekt: Klaus Leitner, Linz/Österreich

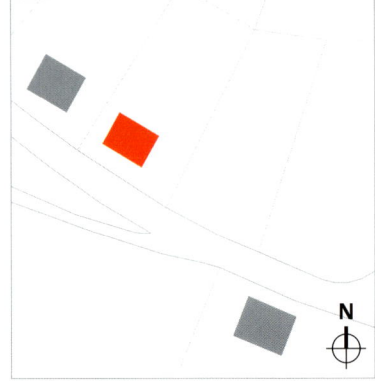

Lageplan

Projektübersicht:

⬥ **Aufgabe:**
Aufstockung und Anbau eines Wohnhauses in Linz/Österreich
Bedingungen:
Umbau in zwei Takten, Ausbau des DG, zusätzliche Garagen
⬥ **Lösung:**
Nach Abbruch des Satteldachs neues Tonnendach, Eingang verlegt
Sonstiges:
UG zu einer Tiefgarage umgebaut, neues Schwimmbad
⬥ **Bauweise und Materialien Anbau**
Wände:
Beton und Mauerwerk verputzt
Decken:
Beton verputzt
Dächer:
Sheddach mit Kupfereinblechung

Den Endpunkt der Ausläufer einer Hügelkette, die sich bis vor Linz in Oberösterreich zieht, bildet der Pöstlingberg. Hier endet die Stadt und beginnt das von Wäldern geprägte Hinterland. Den Bauherren war das vom Großvater vererbte Haus zu klein und dunkel, außerdem stand eine Modernisierung der Bäder und Heizung an.

Der Auftrag an den Architekten, der diese Wünsche in einem ersten Entwurf umsetzte, beinhaltete zunächst nur die beiden Obergeschosse. Um den herrlichen Ausblick auf die in der Ferne liegende Stadt genießen zu können, wurde das Satteldach abgebrochen und durch eine aufgeklappte Tonnenbedachung ersetzt, deren Südfront komplett verglast wurde und zusätzlich einem kleinen Terrasseneinschnitt Platz bietet. Die schräge Verglasung lässt das Licht tief in den ehemalig dunklen Dachraum und ebenso im Bereich des Luftraums der dreiläufigen Verbindungstreppe ins Obergeschoss dringen. Markantes Erkennungszeichen der Aufstockung ist ein über die Hauskontur auskragender Stahlrahmen für eine breite Schiebetür. Aber auch im Obergeschoss, das dem Schlafzimmer der Eltern, der Küche und dem Essraum vorbehalten ist, verdeutlicht ein plastisch aus der Fassade ausgestülptes Fensterband, das weiter um die Ostecke geführt wurde, dass hier neues Leben eingekehrt ist. Die rot gerahmte Fensterschürze spricht eine deutlich andere Sprache als es die zuvor brav-biedere Putzfassade tat. Nach fünf Jahren, die Kinder waren inzwischen erwachsen geworden, stand die im ersten

Ein unauffälliges Haus, wie es überall stehen könnte, bildete den Ausgangspunkt.

Das Dachgeschoss ragt über die Bäume des Steilhangs und ermöglicht einen großartigen Panoramablick.

Blick von der Ostseite auf das aus dem Hang entwickelte Haus.

Der neue Swimmingpool im Garten oberhalb des Hauses bietet im Sommer einen angenehmen Rückzugsort. Die Ganzglasbrüstungen ermöglichen während des Schwimmens einen Ausblick auf Stadt und Landschaft.

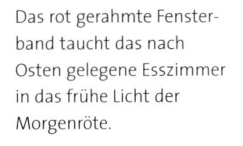

Das rot gerahmte Fensterband taucht das nach Osten gelegene Esszimmer in das frühe Licht der Morgenröte.

Takt zurückgelassene Umgestaltung des Kellers und des Erdgeschosses an. Der ehemals an der Nordseite hinter dem Haus gelegene Eingang sollte an die Südseite verlegt werden. Zusätzlich sollte das Erdgeschoss in zwei separate Einliegerwohnungen für die Kinder aufgeteilt werden. Eine Tiefgarage sollte die Autos der Familie aufnehmen. Da das vorhandene Platzangebot nicht ausreichte, wurde der komplette Umgriff um das Kellergeschoss aus dem Hang abgegraben und eine großzügige Erweiterung mit Tiefgarage, Schutzraum, Mülllager und Treppenaufgang um das Gebäude angegliedert. Der ebenerdige Zugang von der Straße liegt etwas aus der Flucht der neuen Straßenfassade zurückgesetzt.

Das in den Hang eingegrabene Kellervolumen wurde zum Teil mit einem Grasdach eingegrünt, zum größeren Teil bietet es Platz für die Terrasse des mit schwarzem Schiefer verkleideten Erdgeschosses, das über die ehemalige Grundfläche Richtung Osten verlängert wurde. Krönender Abschluss der Baumaßnahme bildet ein hangaufwärts gelegener Swimmingpool, von dessen Wasseroberfläche man beim Schwimmen einen Blick in die Hügellandschaft und auf die Stadt Linz genießen kann.

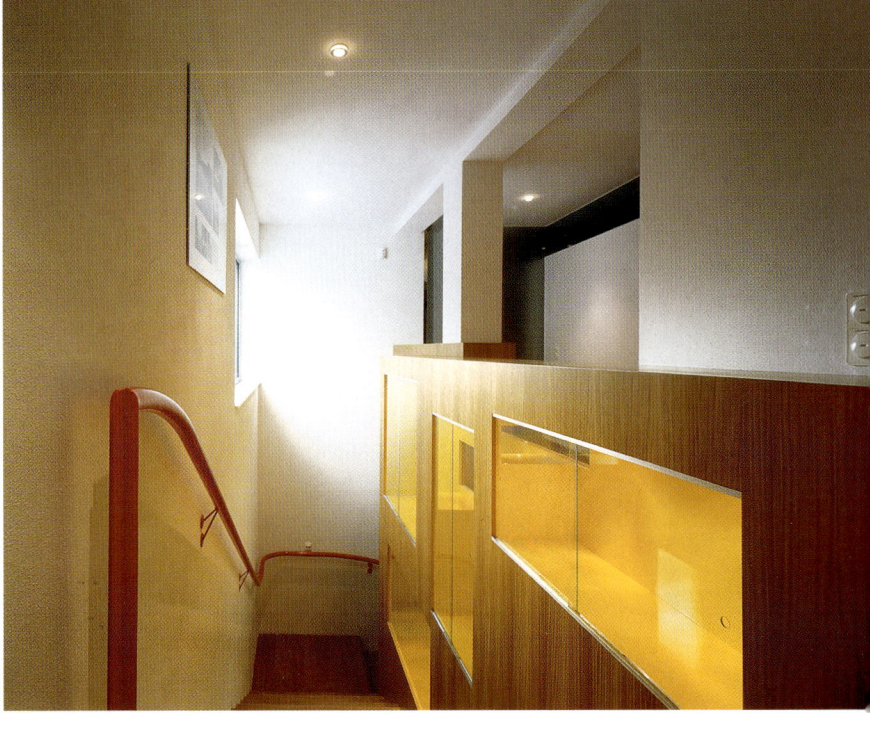

Zwischen Dach- und Obergeschoss lässt ein Deckenausschnitt Licht einfallen. Der rote Handlauf der Verbindungstreppe führt nach oben.

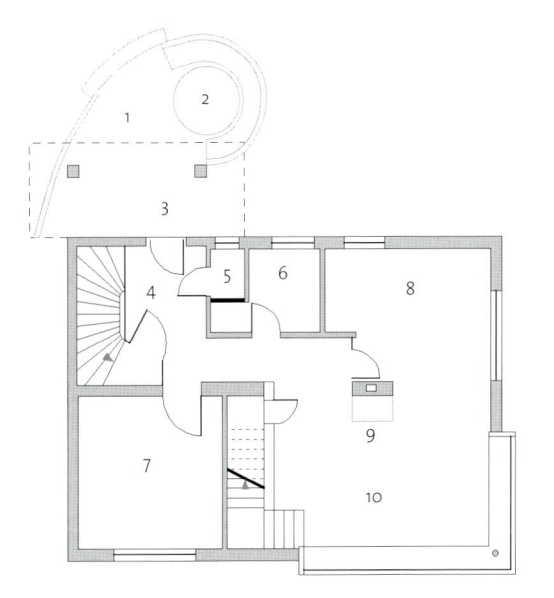

Obergeschoss
M 1:200

1 Vorplatz
2 Sitzecke
3 Eingang
4 Diele
5 WC
6 Bad
7 Gäste
8 Küche
9 Kamin
10 Wohnraum

Baudaten:

Baujahr Bestand:
1962
Bauweise:
Mauerwerk mit Betondecken
Baujahr Umbau:
1995 und 2000/2001
Grundstücksgröße:
1226 m²
Wohnfläche vorher/nachher:
149 m²/293 m²
Anzahl Bewohner:
4
Baukosten gesamt:
keine Angabe
Baukosten je m²:
keine Angabe

Unter der gekrümmten Untersicht des Tonnendachs lebt es sich geborgen wie in einer Höhle, während die Vorderfront mit der Terrasse die Geschütztheit eines Nestes über den Klippen suggeriert.

Erdgeschoss
M 1:200

1 Flur
2 Toilette
3 Bad
4 Abstellraum
5 Diele
6 Vorraum
7 Kinderzimmer
8 Kinderküche
9 Terrasse
10 Grasdach
11 Treppe zum Eingang

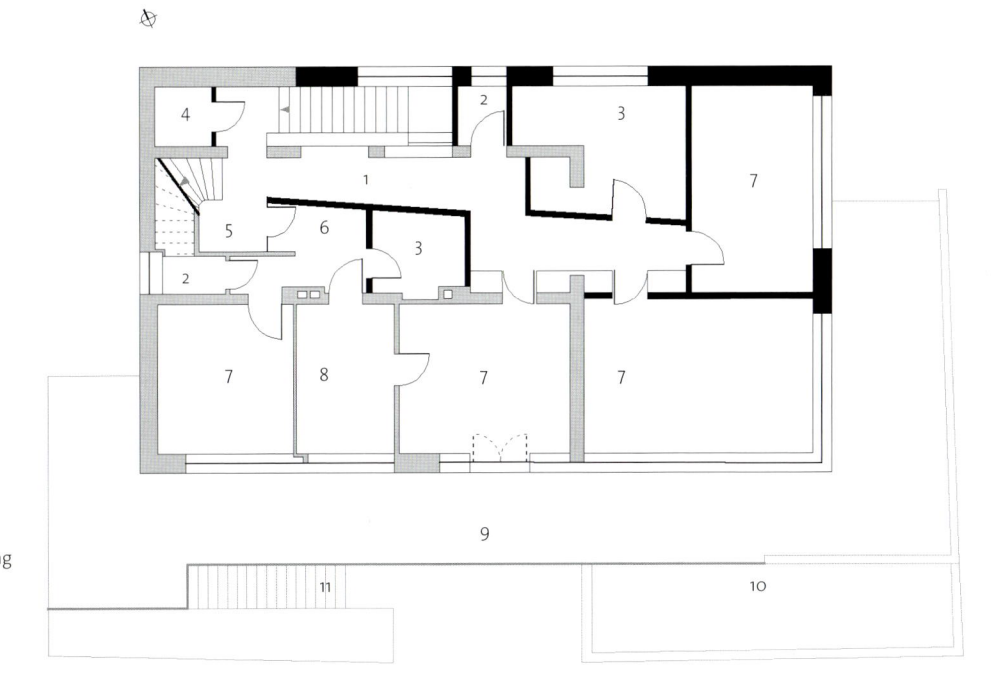

Ein Vitrinenmöbel neben dem neu geschaffenen Treppenlauf empfängt die Besucher des Hauses auf dem Weg vom Eingang im Keller zur Diele im Erdgeschoss.

Farbtupfer inmitten von Getreidefeldern

Umbau eines Wohnhauses bei München
Architektin: archilab, Irmengard Berner, München

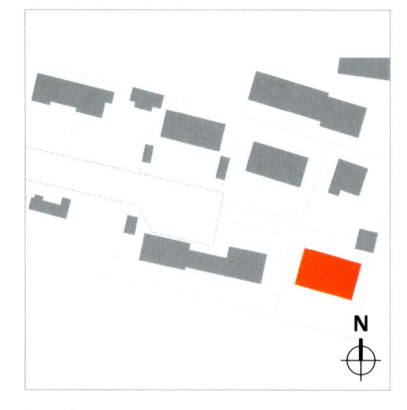

Lageplan

Südansicht vor dem Umbau.

Projektübersicht:

🔺 **Aufgabe:**
Umbau eines Wohnhauses bei München
Bedingungen:
Umnutzung des EG, Renovierung der OG
🔺 **Lösung:**
EG und UG zu einer Maisonette zusammengefasst; Einliegerwohnungen als Maisonetten im OG und DG
Sonstiges:
Entkernung der südwärtigen Räume zu großen Wohnhallen
🔺 **Bauweise und Materialien Umbau**
Wände:
Mauerwerk mit Wärmedämmverbundsystem und farbiger Deckschicht
Decken:
Betondecken verputzt mit Schalldämmung und Parkettbelägen
Dächer:
Flach geneigtes Satteldach mit Betonziegeldeckung

Eine Schreinerei belegte das Erdgeschoss des dreigeschossigen Gebäudes, dessen oberen Ebenen als Wohnraum dienten. Nach der Auflösung der Schreinerei wurde das Gebäude verkauft. Die neuen Bauherren wollten nicht nur die ehemalige Werkstatt als Wohnraum nutzen, sondern auch das Kellergeschoss in ihre Wohnbedürfnisse integrieren. Die beiden oberen Geschosse sollten renoviert und als separate Einliegerwohnungen vermietet werden können.

Die beauftragte Architektin Irmengard Berner versuchte bei dem vorgegebenen Budget keine kostenaufwändigen Sonderlösungen zu verfolgen, sondern die notwendigen Eingriffe auf das Wesentliche zu beschränken. Angefangen von der Sanierung und Neudeckung des Daches, über eine Wärmedämmung auf den vorhandenen Außenmauern, den Austausch der undichten Fenster gegen neue Holz-Aluminium-Fenster bis hin zu einer komplett neuen Heizung, neuen Bädern und Küchen wurde das Gebäude grundlegend saniert.

Um die Sanierung nicht auf ein paar wenige Grundrissänderungen zu beschränken, sollte auch der Außenumgriff um das Haus neu gestaltet werden. Allein die Auffahrt aus bunt gestreiftem Betonsteinbelag zeigt an, dass nicht nur der alte Teerbelag entfernt werden sollte, sondern Farbe als Gestaltungsmittel willkommen war. Nach mehreren Versuchen einigte man sich auf ein kräftiges Rot, das den Baukörper von seinen unprätentiösen Nachbarn abhebt. Alle ergänzenden Bauteile wie Balkone, Carport, Müllhäuschen und Schiebeläden treten dem mächtigen Farbeindruck kontrapunktisch entgegen und überspielen diesen gewissermaßen. Die Schiebeläden aus geriffelten Aluminium-Werkstoffplatten laufen in Aluminiumschienen klar ablesbar als zweite Schicht vor der Fassade. Ebenso tritt das feine Gerüst aus verzinkten Profilen an der Südseite eher in den Hintergrund, während die Balkonbrüstungen aus schmalen Lärchenlatten die Kleinmaßstäblichkeit der Südseite angenehm unterstützen. Dort entstand nach dem Abbruch des geteerten Hofbelags eine Rasenfläche mit einem kleinen Teich.

Die Idylle im Grünen ist nicht mehr zu vergleichen mit dem vormaligen Betriebshof der Schreinerei.

Die schmalen Schiebeläden lassen sich, wenn sie nicht gebraucht werden, übereinander vor die Mauerpfeiler bewegen.

Ein Rankgerüst aus Bambus und Aluminium bildet eine Kletterhilfe für die Wicken neben dem separaten Eingang zur Erdgeschosswohnung.

Hier standen einmal große Leimpressen und Dickenhobel der ehemaligen Schreinerei.

Farbtupfer inmitten von Getreidefeldern

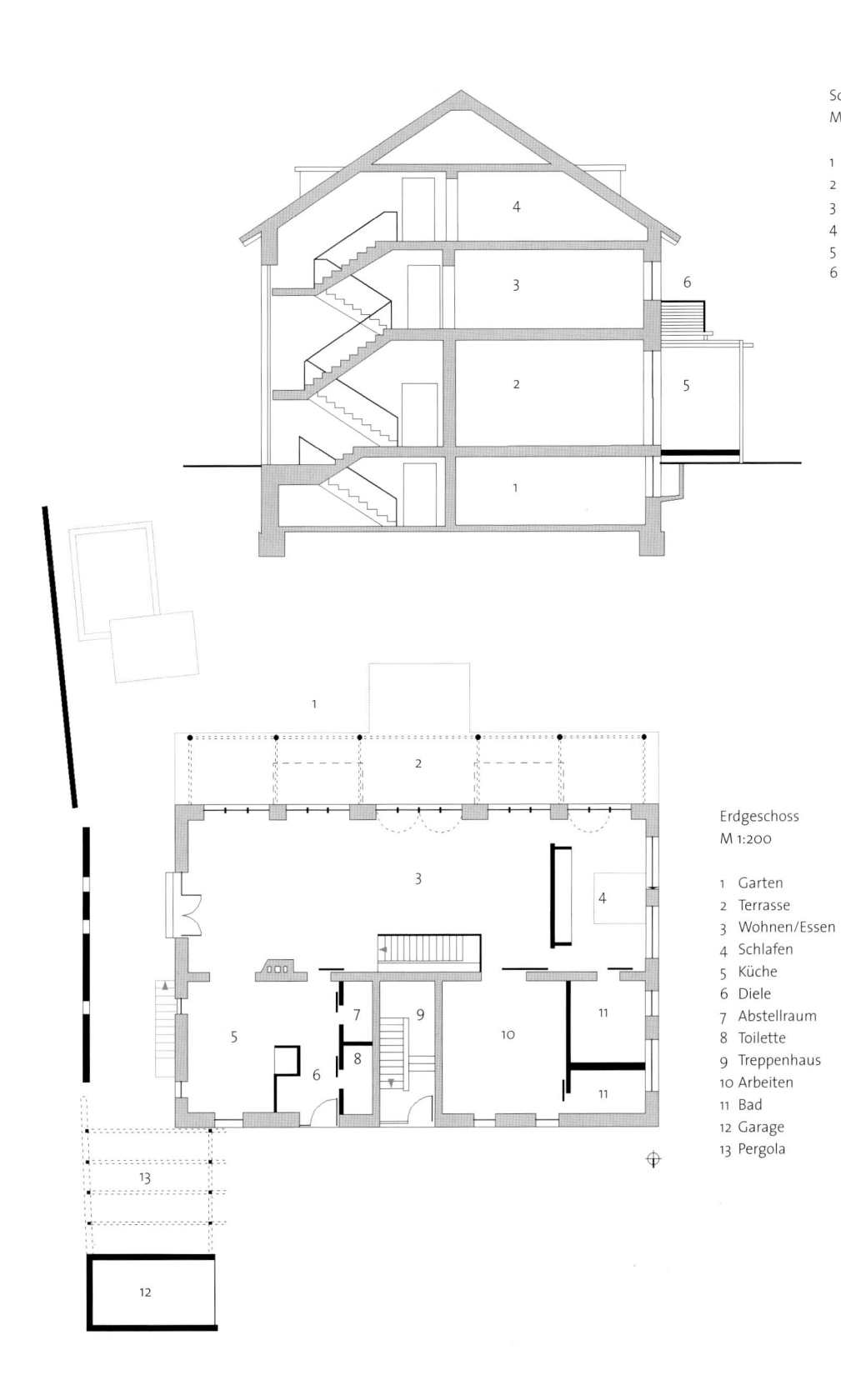

Schnitt
M 1:200

1 Keller
2 Erdgeschoss
3 Obergeschoss
4 Dachraum
5 Terrasse
6 Balkon

Erdgeschoss
M 1:200

1 Garten
2 Terrasse
3 Wohnen/Essen
4 Schlafen
5 Küche
6 Diele
7 Abstellraum
8 Toilette
9 Treppenhaus
10 Arbeiten
11 Bad
12 Garage
13 Pergola

Baudaten:

Baujahr Bestand:
1964
Bauweise:
Mauerwerk mit Betondecken
Baujahr Umbau:
2001
Grundstücksgröße:
ca. 1.050 m²
Wohnfläche vorher/nachher:
310 m²/550 m²
Anzahl Bewohner:
6
Baukosten gesamt:
715.000 Euro
Baukosten je m²:
1.300 Euro

Wohnhof im Keller

Umbau eines Reihenhauses in Nürnberg
Architekt: Hans Weidinger, Fürth

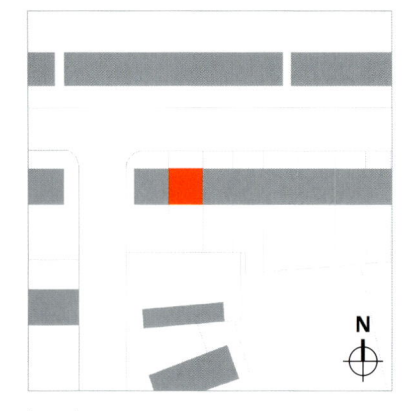

Lageplan

Projektübersicht:

🔶 **Aufgabe:**
Umbau eines Reihenhauses in Nürnberg
Bedingungen:
Terrassenabdichtung schadhaft, Grundrisse dunkel und eng
🔶 **Lösung:**
Abbruch von Lichtschächten, Sanierung der Terrasse, Sanierung der Bäder
Sonstiges:
Neuer Tiefhof mit Kragstufentreppe, Küche als monolithischer Betonblock
🔶 **Bauweise und Materialien Umbau**
Wände:
Betonwinkelstützmauer, Mauerwerk mit Wärmedämmverbundsystem
Decken:
Betondecken mit ergänzter Trittschalldämmung, Parkettbelag
Dächer:
Bestand mit Betonpfannendeckung

Zwei Schwestern erbten das elterliche Reihenhaus im Nürnberger Norden, das direkt an einer stark frequentierten Verbindungsstraße gelegen ist. Der Vater hatte das Gebäude mit einem durchgehenden Treppenhaus ausstatten lassen, um später die separate Nutzung einzelner Geschosse sicherzustellen.

Als erster Eingriff wurde der Speicher im Dachgeschoss in zwei kleine Studentenwohnungen umgewandelt. Anschließend sollten die übrigen Geschosse Zug um Zug modernisiert werden, da insbesondere die Haustechnik veraltetet war. Zudem war die Abdichtung der Terrassenbalkone im Erdgeschoss defekt.

Der Keller, der vom Vater früher teilweise als Büro genutzt worden war, stand seit längerem leer und wies einen etwas desolaten Zustand auf. Um der Familie einer der beiden Schwestern ein neues Zuhause zu bieten, sollten Erdgeschoss und Keller unter Wiederherstellung der alten Treppenverbindung zu einer Maisonette zusammengefasst werden.

Das Erdgeschoss wurde größtenteils entkernt, um einem offenen Küchen-Essbereich und einem abgeschirmten Wohnraum Platz zu bieten. Auch die Schachtwände der alten einläufigen Verbindungstreppe in das Büro im Keller mussten weichen, um die Belichtungsverhältnisse zu verbessern. Durch ein schmales Fenster, das mittig zum Lauf in die Außenwand eingeschnitten wurde, fällt Streiflicht bis zum Wendepodest im Keller. An Stelle eines Wintergartens, der auf der Terrasse hätte platziert werden sollen, aus Brandschutzgründen aber keine Aussicht auf Genehmigung gehabt hätte, wurde ein dreiflügeliges Schiebefaltfenster als Alternative gewählt. Wird dieses im Sommer geöffnet, so geht das Industrieparkett des Wohnraums, lediglich unterbrochen durch eine Schwelle, in die lärchengedeckte Terrasse

Ansicht der Gartenfassade vor dem Umbau.

Wenig verändert hat sich an der Straßenfassade. Bis auf neue Schallschutzfenster blieb alles beim Alten. Die Aluminiumfassade mit emaillierten Paneelen, die aus der Fabrik des Vaters stammt, wurde als Zeitzeichen erhalten und in die neue Dämmfassade integriert.

Holz-Aluminium-Fenster, Edelstahlgeländer und eine durchgängige Wärmedämmfassade zeigen den Standardsprung im Erdgeschoss. Im Dach- und Obergeschoss wurden lediglich die Fenster ausgetauscht.

Der neue Wohnhof auf Kellerniveau bringt Tageslicht in die Schlafräume. Im Sommer lassen Blumentröge die ehemalige Kelleratmosphäre vergessen. Eine zusätzliche Kragstufentreppe erlaubt auch den unmittelbaren Zutritt zum Garten.

Unter der Treppe verbirgt sich im Keller ein innen liegendes Bad, dessen Front mit satinierten Glasschiebetüren geschlossen wird. Wasserunempfindliches Robinienparkett setzt sich in der Dusche als bodenbündiger Lattenrost fort.

Der monolithische Küchenblock, entworfen von Margarete Weidinger, steht als insuläres Bauteil im Essraum. Eine Faltschiebetür ermöglicht die Verbindung zur lärchenverschalten Terrasse.

Die Eichenstufen der Verbindungstreppe wurden putzbündig verarbeitet.

über. Schwieriger waren die Lichtverhältnisse im Keller zu lösen, die den Schlafraum und die Ankleide der Eltern sowie ein innen liegendes Bad und ein Kinderzimmer aufnehmen sollten. Die Entwurfsidee bestand darin, die ehemaligen schmalen Lichtschächte vor den Fenstern abzubrechen und einen weiträumigeren Tiefhof zu schaffen, auf den sich die Fenstertüren der einzelnen Räume orientieren. Der ohnehin schadhafte Terrassenbalkon vor dem Wohnraum wurde abgebrochen. Die Front des innen liegenden Bades wurde mit milchig geätzten Glasschiebetüren abgeschlossen, die gedämpftes Tageslicht einfangen. Zusätzlich zur Fenstertür in den Wohnhof lenkt ein hoch liegendes Fensterband in einer Deckenaufkantung Licht in das Kinderzimmer. Der dadurch entstandene Niveausprung der Betondecke kann auf der Terrasse als Sitz- oder Blumenbank genutzt werden.

Wohnhof im Keller

Erdgeschoss
M 1:200

1 Treppenhaus
2 Diele
3 Arbeiten
4 Bad
5 Kinderzimmer
6 Küche/Essen
7 Wohnen
8 Tiefenhof
9 Terrasse
10 Garten

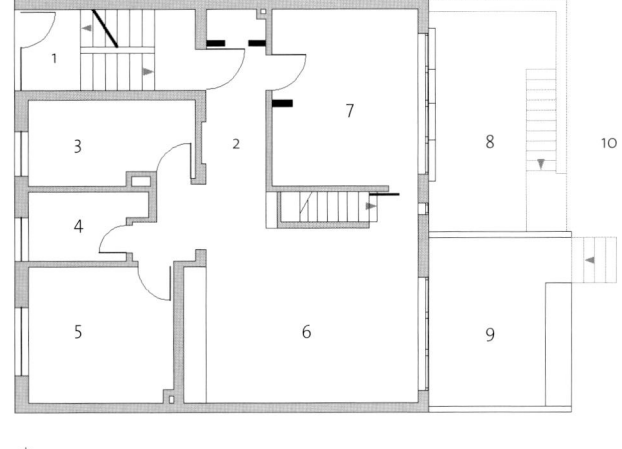

Kellergeschoss
M 1:200

1 Treppenhaus
2 Flur
3 Heizung
4 Keller
5 Kinderzimmer
6 Bad
7 Ankleide
8 Eltern
9 Tiefenhof

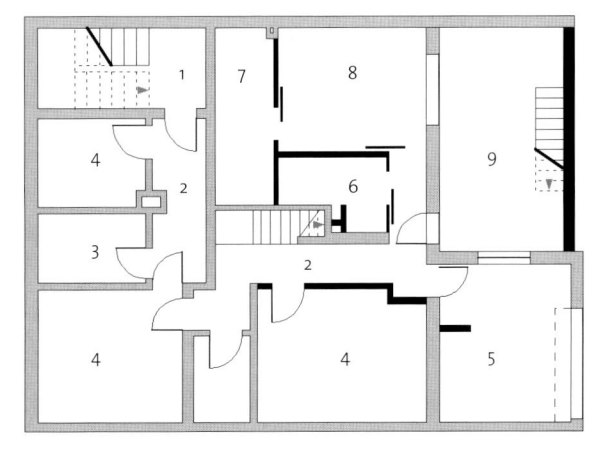

Baudaten:

Baujahr Bestand:
1964
Bauweise:
Mauerwerk mit Betondecken
Baujahr Umbau:
1997–2001
Grundstücksgröße:
ca. 510 m²
Wohnfläche vorher/nachher:
188 m²/340 m²
Anzahl Bewohner:
6
Baukosten gesamt:
ca. 300.000 Euro
Baukosten je m²:
880 Euro

Mit einer Nabelschnur verbunden

Anbau an ein Wohnhaus in Egelsbach/Hessen
Architekten: Feuer & Schmitz, Frankfurt am Main

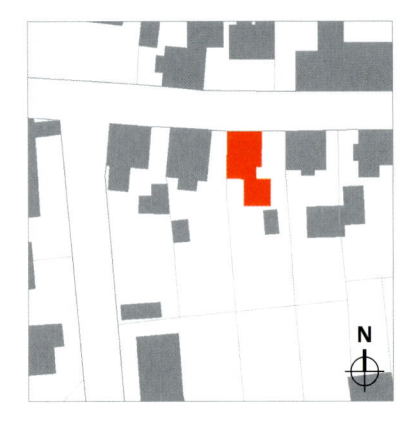

Lageplan

Aufnahme nach Erstellung der Kellerdecke des Anbaus. Im Hintergrund ist noch der alte Vorbau des Hauses mit der Dachterrasse zu erkennen.

Projektübersicht:

Aufgabe:
Anbau an ein Wohnhaus in Egelsbach/Hessen
Bedingungen:
Beengter Grundriss, kleiner Eingangsanbau mit Dachterrasse
Lösung:
Teilweiser Abbruch des Anbaus, neuer Anbau mit Verbindung zum Altbau
Sonstiges:
Erweiterung des Kellers, Altbau musste bewohnbar bleiben
Bauweise und Materialien Anbau
Wände:
Keller Massivbauweise, darüber gedämmte Holzskelettbauweise mit Zedernschalung
Decken:
Holzbalkendecke
Dächer:
Holzbalkendecke mit Dämmung und Flachdachabdichtung

Im Gewebe von Einfamilienhaussiedlungen ist wenig Platz für Erweiterungen. Abstandsregeln zu nachbarlichen Bauten und zur Bebauung vorgesehene Flächen, mit dem Fachbegriff „Baufenster" bezeichnet, engen die Möglichkeiten stark ein. Auf der letztlich zur Verfügung stehenden Fläche einen Anbau zu errichten, der sowohl den Platzbedürfnissen der Bewohner als auch architektonischen Gestaltungsprinzipien gerecht wird, ist nicht leicht. Gerade dann ist ein Architekt der richtige Partner für den Bauherrn.

In der Ortschaft Egelsbach, etwa auf halber Strecke zwischen Frankfurt und Darmstadt gelegen, sollte ein kleines Haus aus den 60er-Jahren auf der Gartenseite zusätzliche Wohnräume für eine Familie mit zwei Kindern erhalten. Dabei musste der Altbau während der Bauzeit bewohnbar bleiben und ein alter Vorbau, der den rückwärtigen Eingang bildete, als Verbindungselement umgewandelt werden.

Auf dem wegen anstehendem Grundwasser wasserdicht betonierten Keller wurde ein leichter Holzrahmenbau aufgestellt, dessen Grundfläche je Geschoss gerade Platz für ein großes Zimmer bietet. Während im Erdgeschoss ein Kinderzimmer mit angegliedertem Bad zusätzlich enstand, kam im Obergeschoss das ersehnte Wohnzimmer hinzu, das vorher nach den Worten der Architekten nur in einem rudimentären „Flur-Sofa-Raum" bestand. Das Verbindungsbauwerk zwischen Alt und Neu und die notwendigen Durchbrüche in den Altbau wurden erst nach weitgehender Fertigstellung des vorgefertigten Holzhauses in Angriff genommen.

Besonderes Augenmerk legten die Architekten auf die Gestaltung des untergeordneten und etwas aus der Fassadenflucht zurückversetzten Querbaus. Die Eingangsfassade wurde bis auf die Eingangstür selbst verglast. Die „Brücke" im Obergeschoss hält Abstand zur Glasfront und lässt so einen Luftraum offen, durch den das Licht der untergehenden Sonne aus der oberen Westverglasung schräg einfallen kann. Wie ein Turm wirkt der schlanke Anbau vom Garten aus. Großflächige Fensterflächen, deren Öffnungsflügel nach außen weisen, springen aus der Zedernholzverschalung vor und stellen den lange vermissten, direkten Bezug zwischen Garten und Haus her.

Klein in der Grundfläche, aber dominant in der Höhe zeigt sich der neue Anbau nach der Fertigstellung. Die großen Südfenster erlauben vorher nicht gekannte Ausblicke in den Garten.

In der Bresche zwischen den alten Siedlungshäusern lenkt der vorspringende Anbau die Besucher geschickt zum Eingang des Hauses.

Blick aus dem Altbau in den Anbau. Zwei Stufen vermitteln im Obergeschoss zwischen den unterschiedlichen Niveaus, wobei sich die Verbindungsebene wie eine Brücke über die darunter befindliche Eingangsdiele spannt.

Etwas aus beiden Baukörperfluchten zurückgesetzt, bildet der gläserne Zwischentrakt eine deutliche Zäsur zwischen Alt und Neu. Der anthrazitfarbene Sockel betont die Leichtigkeit des hölzernen Anbaus, der mit witterungsresistentem Zedernholz verschalt wurde.

48   Mit einer Nabelschnur verbunden

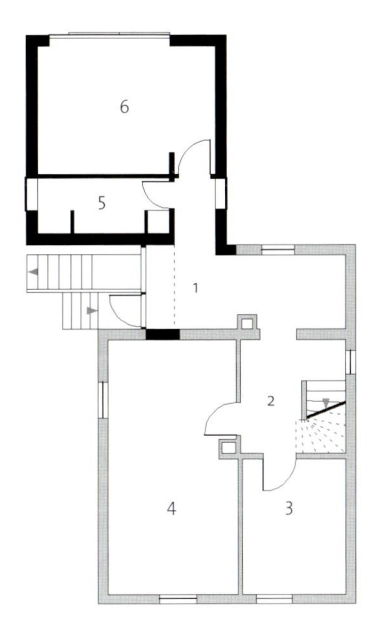

Erdgeschoss
M 1:200

1 Diele
2 Treppenhaus
3 Bad
4 Eltern
5 Dusche/Toilette
6 Kinderzimmer

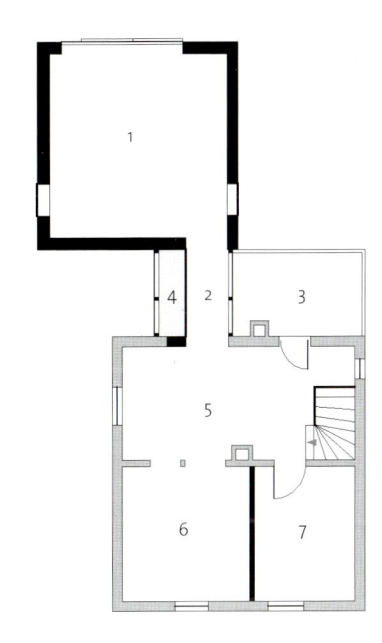

Obergeschoss
M 1:200

1 Wohnraum
2 Steg
3 Terrasse
4 Luftraum
5 Essen
6 Küche
7 Zimmer

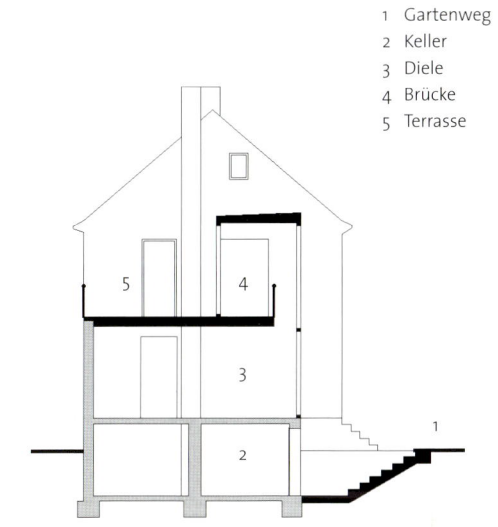

Schnitt
M 1:200

1 Gartenweg
2 Keller
3 Diele
4 Brücke
5 Terrasse

Dunkle Holzdielen aus tropischem Cumaru betonen die wohnliche Atmosphäre des Bads, in dem nur die Dusche mit hellem Glasmosaik gefliest wurde.

Baudaten:

Baujahr Bestand:
1964
Bauweise:
Mauerwerk mit Betondecken
Baujahr Umbau:
2002
Grundstücksgröße:
436 m²
Wohnfläche vorher/nachher:
114 m²/161 m²
Anzahl Bewohner:
4
Baukosten gesamt:
150.000 Euro
Baukosten je m²:
2.142 Euro

Langhaus mit Lichtinseln

Aufstockung eines Bungalows in Frankfurt am Main
Architekt: Prof. Zrenko Turkali, Frankfurt am Main

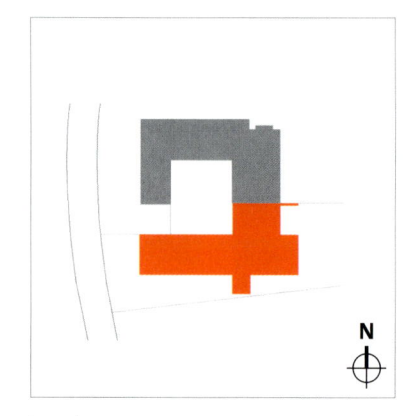

Lageplan

Projektübersicht:

Aufgabe:
Aufstockung eines Bungalows in Frankfurt am Main
Bedingungen:
Beengtes Grundstück, schlechte Gründungsverhältnisse, neue Garage
Lösung:
Aufstockung als Gebäuderiegel mit vier ausgesparten Lichthöfen, Luftraum im Eingang
Sonstiges:
Tragsystem mit längs gespanntem Mittelträger
Bauweise und Materialien Aufstockung
Wände:
Pfostenriegel-Holzkonstruktion mit Verschalung aus sibirischer Lärche
Decken:
Stahlbetondecke mit Mittelstahlträger
Dächer:
Flachdächer mit Bitumendeckung

Blick auf den rückwärtigen Gebäudekopf vom Flachdach des Altbestandes aus. Die knappen Anschlüsse sind vom Architekten beabsichtigt, um die einprägsame Reduktion des Baukörpers in den Vordergrund treten zu lassen.

Ein einfacher Flachdachbungalow, der sich mit einem benachbarten Gebäude in einen schönen, alten Baumbestand fügt, sollte durch eine zusätzliche Garage und eine Wohnraumerweiterung aufgewertet werden. In längeren Verhandlungen mit dem Stadtplanungsamt konnten dessen Bedenken hinsichtlich einer weiteren Verdichtung der durchgrünten Vorstadtstruktur entkräftet werden. Es stimmte endlich einer eingeschossigen Aufstockung in Form eines längs der Waldkante verlaufenden Riegels zu. Da das Baugelände nach dem Krieg mit Trümmerschutt aufgeschüttet worden war, waren die Gründungsverhältnisse, insbesondere im Bereich des nur teilweise unterkellerten Gebäudes, problematisch.

Der vordere Teil der Aufstockung konnte dank der Gründung der Garage in der Verlängerung des Bestandes abgefangen werden. Im mittleren und hinteren Teil dagegen musste ein mittiger Stahlträger in der Längsrichtung des Gebäudes angeordnet werden, der von vier Einzelstützen, die wiederum auf den Querwänden des Kellers stehen, getragen wird. Trotz dieser statischen Finessen musste das Gewicht der Aufstockung allgemein reduziert werden. Deshalb kam eine vorgefertigte Holzkonstruktion zum Einsatz, deren Tragsystem sich sowohl durch Leichtigkeit als auch höhere Steifigkeit auszeichnet.

Die äußere Hülle besteht aus blausilbrig lasierten Brettern sibirischer Lärche, die aufgrund ihres langsamen Wachstums – ablesbar an den engen Wachstumsringen – enorm witterungsstabil ist. Die Aufstockung enthält die neuen Schlafräume der Familie, während in den dunkleren Erdgeschossräumen die übrigen Nutzungen verblieben. Aus dem großen Baukörper, der sich bei nur 8 m Breite über 30 m Länge erstreckt, wurden vier Hohlräume ausgeschnitten: zwei davon sind nach oben hin offene Terrassen, ein weiterer fungiert als Wintergarten, der sich zeitweise öffnen lässt und ein letzter ist überdeckt und bildet einen hohen Luftraum zum Erdgeschoss. An dieser vertikalen Schnittstelle steigt auch die einläufige Treppe an und mündet auf einer Brücke im Obergeschoss. Unter dieser Brücke führt die horizontale Verbindung weiter nach außen zur Garderobe und zum Eingang.

Vor dem Elternschlafraum zur Gartenseite liegt eine in den Baukörper integrierte Dachterrasse. Die bodenbündigen Gläser belichten die darunter liegende eingezogene Veranda.

Über der neuen Garage entstand eine Terrasse, die gestalterisch in die Gesamtfigur des Gebäuderiegels einbezogen wurde. Rechts steigt der Weg über ein paar Stufen zum beschatteten Eingang an der Längsseite an.

Die Stütze im Wintergarten trägt die Last ab, während die Nurglaswände fast immateriell wirken. Neben den weißen Gipsplattenwänden und -decken sticht die zwei Geschosse hohe Treppenhauswand ins Auge.

Eine beinahe unsichtbare Glasscheibe trennt das Bidet von der dahinter befindlichen Dusche ab, damit die Blickachse in das dichte Grün des Gartens unverstellt bleibt.

Blick in den Luftraum der Treppe in Richtung Eingang. Rechts oben ist der verglaste Wintergarten sichtbar.

Langhaus mit Lichtinseln

Obergeschoss
M 1:200

1 Dachterrasse
2 Kinderzimmer
3 Flur
4 Eltern
5 Wintergarten
6 Treppenhaus/Luftraum
7 Bad
8 Toilette
9 Diele
10 Brücke

Erdgeschoss
M 1:200

1 Windfang
2 Diele
3 Wohnraum
4 Bibliothek
5 Toilette
6 Gästezimmer
7 Veranda
8 Eingangsüberdachung
9 Vorraum
10 Zimmer
11 Küche
12 Essraum
13 Garage

Schnitt
M 1:200

1 Überdachter Eingang
2 Keller
3 Windfang
4 Diele
5 Wohnraum
6 Flur
7 Wintergarten

Baudaten:

Baujahr Bestand:
1965
Bauweise:
Mauerwerk mit Betondecken
Baujahr Umbau:
1999
Grundstücksgröße:
2.565 m²
Wohnfläche vorher/nachher:
302 m²/541 m²
Anzahl Bewohner:
4
Baukosten gesamt:
495.000 Euro
Baukosten je m²:
915 Euro

Ehemaliges Atelier als Herzstück

Umbau eines Wohnhauses in München
Architekten: Landau + Kindelbacher, München

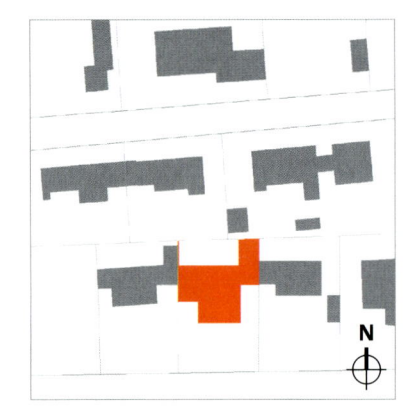

Lageplan

Projektübersicht:

▲ Aufgabe:
Umbau des Bestands und der Außenanlagen eines Wohnhauses in München
Bedingungen:
Weitgehender Erhalt der Bausubstanz, Umbau des Ateliers
▲ Lösung:
Tiefhof zur Belichtung des Souterrains, vorgehängter Südbalkon
Sonstiges:
Bauabwicklung in zwei Schritten
▲ Bauweise und Materialien Umbau
Wände:
Mauerwerk verputzt
Decken:
Betondecken Bestand mit Trittschallschutz und Parkettbelag
Dächer:
Flach geneigtes Satteldach mit Ziegeldeckung

Nach dem Erwerb des Wohnhauses aus den 60er-Jahren stand für die neuen Eigentümer nicht nur eine ohnehin fällige Sanierung von Bädern und Heizung an, sondern auch eine ansprechende Neugestaltung des Gartens. Das Haus zeichnet eine nicht alltägliche Besonderheit aus: ein von einem großen Nordfenster belichteter, hoher Raum, der dem Vorbesitzer als Malatelier gedient hatte. Die Atelierebene liegt, wenn man das Haus betreten hat, ein halbes Geschoss tiefer als die Eingangsdiele. Von hier aus erreicht man die südwärts liegende Bibliothek und das Musikzimmer. Eine erhabene Podestebene, die sich auf gleicher Höhe wie die übrigen Erdgeschossräume und der Eingang befindet, wurde zum Essraum umdefiniert. Vom Esstisch aus haben die Bewohner einen Überblick über das eineinhalbgeschossige Raumvolumen. Stirnseitig dominiert ein offener Kamin den tiefer gelegenen Wohnraum. Eine schmale, von einer Brüstungswand gefasste Differenztreppe verbindet oberes und unteres Niveau.

Um die besondere räumliche Situation auch nach außen zu transportieren, wurde der abgesenkte Bereich vor dem großen Atelierfenster mit einem japanischen Zierahorn inmitten eines Kiesbetts als meditativer Tiefhof gestaltet. Eine Treppe aus dünn gefaltetem Edelstahlblech führt zum Garten empor, der von den Freisinger Landschaftsarchitekten Zuckschwert und Martin zu einem spannenden, räumlichen Gefüge umgewandelt wurde. Im Anschluss an den Tiefhof umspielen lange, unregelmäßig ausgerichtete Schieferplatten ein Wirbelstrombecken und ein hölzernes Ruhepodest. Den westlichen Umgriff um das Haus überdeckt eine geschützte Loggia, die sich durch eine Faltwand gegen neugierige Blick von der Straße abschotten lässt.

Der Balkon im Obergeschoss thront über dem Holzdeck mit der darin als „Intarsie" eingearbeiten Wasserfläche. Bei geöffnetem Blendschutz können morgens die ersten Sonnenstrahlen weit in die Schlafzimmer dringen.

Fragil wirkt die aus Edelstahlblech gekantete Treppe neben dem Zierahorn.

Blick in den Tiefhof mit dem japanischen Garten vor dem Atelierfenster.

Der abgesenkte Wohnraum wird von einer Brüstungswand umfasst, die die links hinter der Vitrine befindliche Treppe zum Essraum verdeckt. Bildschrim und CD-Regale treten optisch zurück, da sie als Einbaumöbel bündig mit der Wandflucht abschließen.

Der südliche Garten wird von einem blauen Schwimmbecken dominiert, das in ein großes, bis an die Außenwand reichendes Holzdeck eingebettet wurde. Lediglich der vordere Teil des Grundstücks neben der Straße ist Rasen und Bäumen vorbehalten.

Ein schlanker Stahlbalkon im Obergeschoss kragt „schmallippig" aus der Südfassade aus und trägt zusätzlich zum mediterranen Gesamteindruck des Hauses bei. Ein mobiles Screengewebe verhindert Einblicke in die dahinter liegenden Schlafräumen und reduziert zu starke Aufheizung an warmen Sommertagen.

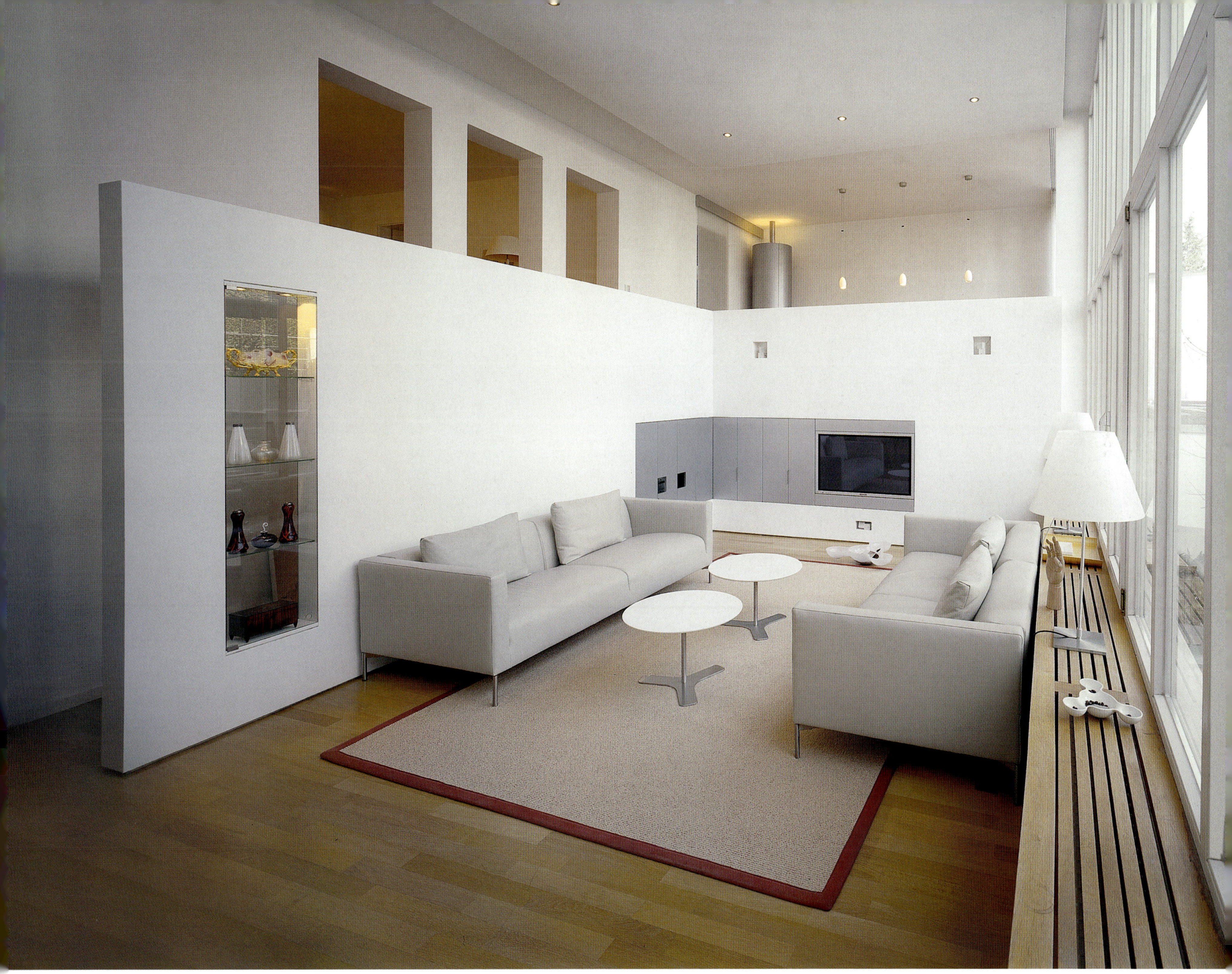

Minimal Art akzentuiert die flächige Gestaltung des offenen Kamins.

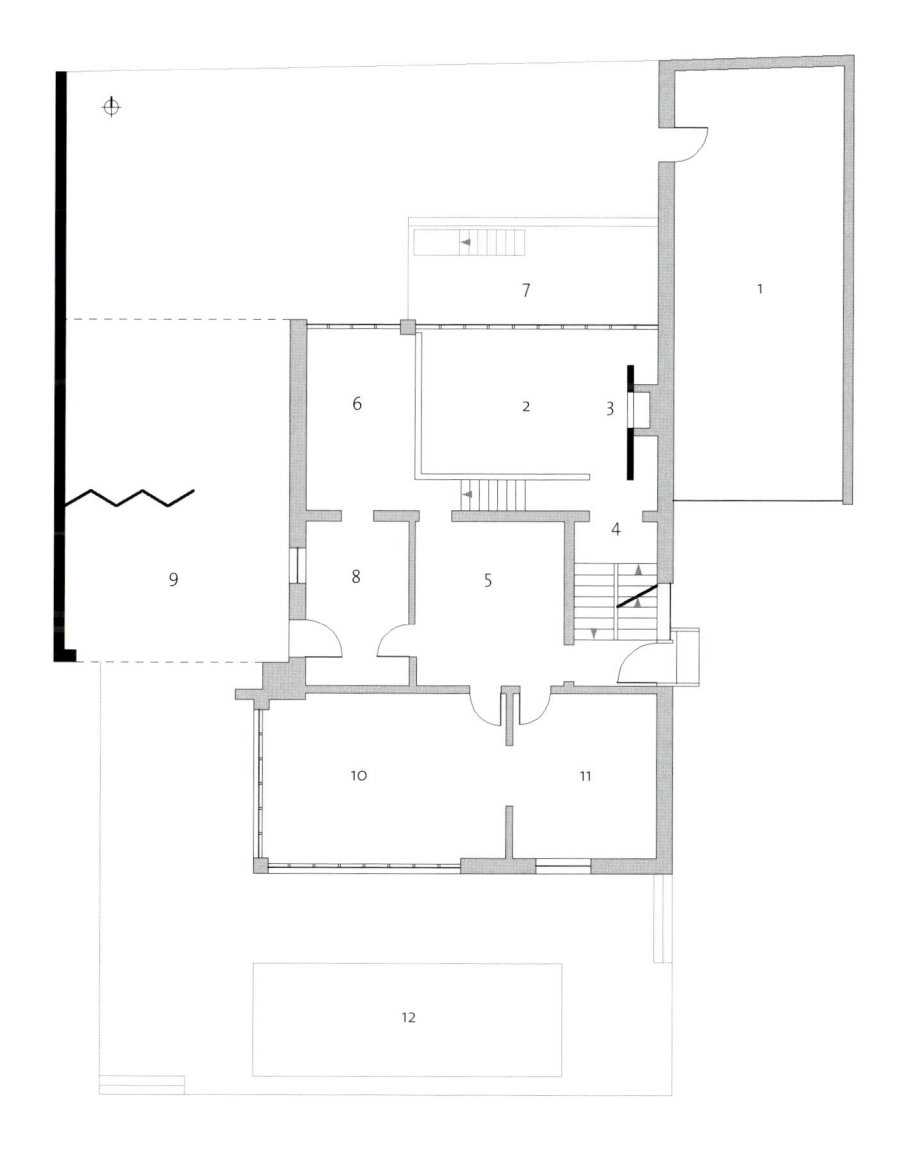

Erdgeschoss
M 1:200

1 Garage
2 Wohnraum
3 Kamin
4 Treppenhaus
5 Diele
6 Essen
7 Tiefhof
8 Küche
9 überdachte Terrasse
10 Musikzimmer
11 Bibliothek
12 Schwimmbecken

Baudaten:

Baujahr Bestand:
1965
Bauweise:
Mauerwerk mit Betondecken
Baujahr Umbau:
2001
Grundstücksgröße:
737 m²
Wohnfläche vorher/nachher:
240 m²
Anzahl Bewohner:
4
Baukosten gesamt:
keine Angabe
Baukosten je m²:
keine Angabe

Die alte Haupttreppe wurde durch eine luftigere Stahlholmtreppe mit aufgesattelten Holztritten ersetzt. Einer ebenso klaren Architektursprache verpflichtet ist das Einbaumöbel mit Baldachin und satinierter Glasrückwand, das die Brüstung des Obergeschosses bildet.

Ergänzter Dachaufbau

Aufstockung eines Wohnhauses in Leverkusen
Architekten: Röpke-Rotterdam, Köln

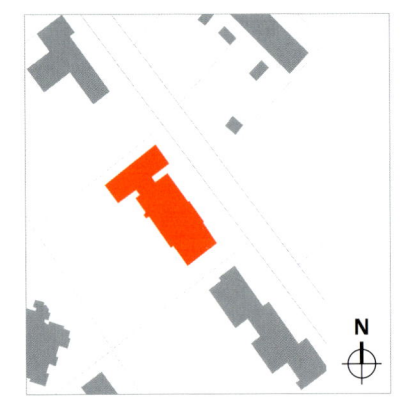

Lageplan

Der Bungalow vor dem Umbau.

Projektübersicht:

Aufgabe:
Aufstockung eines Wohnhauses in Leverkusen

Bedingungen:
Aufstockung als Vollgeschoss nicht zulässig, kurze Bauzeit

Lösung:
z. T. entgegengesetzt geneigte Pultdächer, Splitlevel im Bereich der Wohnraumdecke

Sonstiges:
Büronutzung im OG integriert, separat erschlossene Einliegerwohnung möglich

Bauweise und Materialien Aufstockung

Wände:
Holztafelbauweise mit Wärmedämmung und Aluminiumverkleidung

Decken:
Aufgeständerte Holzpaneeldecken

Dächer:
flach geneigte Pultdächer mit Zinkblechdeckung

Die Besitzer eines mit alten Bäumen bestandenen Grundstücks wollten mit der Erweiterung der Wohnfläche wegen der gewachsenen Ansprüche der Familie weder in den Garten ausweichen noch während der Bauarbeiten zu Freunden oder ins Hotel ziehen. Bereits nach den ersten Überlegungen kamen die Architekten zu der Überzeugung, dass nur eine möglichst große Vorfertigung der Bauteile bei gleichzeitig präziser Planung die Wünsche nach einem reibungslosen Bauablauf befriedigen könnten.

In der Abbundhalle einer Zimmerei exakt nach Plan angefertigte Holztafelelemente wurden innerhalb von drei Tagen aufgestellt, die Dachsparren aufgelegt und die Dachfläche regendicht abgedeckt. Doch nicht nur ein flinker Rohbau kennzeichnet dieses Projekt, sondern auch ein sorgsamer und pfiffiger Umgang mit der Bausubstanz und den geltenden Bauvorschriften. Die Arbeitsräume für die Steuerberatungskanzlei der Bauherrin sollten ebenfalls in das Haus intergriert werden, sodass sich die Aufstockung sich über den gesamten Grundriss des Hauses erstrecken musste. Diese durfte aber aus baulichen Festlegungen nicht als Vollgeschoss ausgebaut werden, weswegen beidseits des Eingangs auf das alte Flachdach geneigte Pultdächer mit geringer Traufhöhe aufgesetzt wurden. Die mit Titanzink gedeckten Dachflächen steigen zum Garten hin auf über 4 m Raumhöhe an, während die Räume an der Straße nur etwas mehr als 1,80 m Raumlichte messen. Lediglich der Mitteltrakt im Bereich des Eingangs wurde auch an der Straßenseite angehoben. In diesem Bereich gegenläufige Pultdächer machen es möglich, dass eine Spindeltreppe, die Erd- und Obergeschoss verbindet, in einer großzügigen Diele im Obergeschoss endet. Allerdings müssen die Dächer durch eine Grabenrinne entwässert werden.

Um das große Bauvolumen auch harmonisch in die Umgebung einzupassen, sollten Alt und Neu zu einer Einheit verbunden werden und doch als zwei Bauperioden zugehörig unterschieden werden können. Deshalb wurden die Außenwände der Aufstockung etwas von der bestehenden Fassadenflucht eingerückt und mit dunkelgrau eloxierten Aluminiumpaneelen auch optisch dem weißen Sockel des Altbaus untergeordnet.

Die Gartenfassade gliedert sich in drei Baukörper, wobei der mittlere großflächig verglast wurde. Mit dem Umbau musste auch der Kaminkopf aufgemauert werden.

Die Montage der vorgefertigten Holzelemente war in drei Tagen abgeschlossen.

Alten Baumbestand galt es beim Umbau zu schützen. Später könnte hier eine Treppe zu einer abgeschlossenen Einliegerwohnung hoch führen.

Den Mitteltrakt an der Straßenfassade betont die angehobene Aufstockung mit einer großen Fensterfront, hinter der sich die Diele mit dem Treppenhaus verbirgt.

Eine weitläufige Diele dient im Obergeschoss gleichzeitig als Vorraum der Steuerkanzlei und der anschließenden Privaträume. Die Anbindung vom Erdgeschoss erfolgt über eine Spindeltreppe.

Schnitt
M 1:200

1 Keller
2 Wohnen
3 Flur
4 Diele
5 Straße
6 Garten
7 Kinderzimmer
8 Galerie
9 Kamin
10 Balkon

Ergänzter Dachaufbau

Obergeschoss
M 1:200

1 Zugang
2 Toilette
3 Abstellraum
4 Empfang
5 Besprechung
6 Büro
7 Galerie
8 Kinderzimmer
9 Bad
10 Balkon

Erdgeschoss
M 1:200

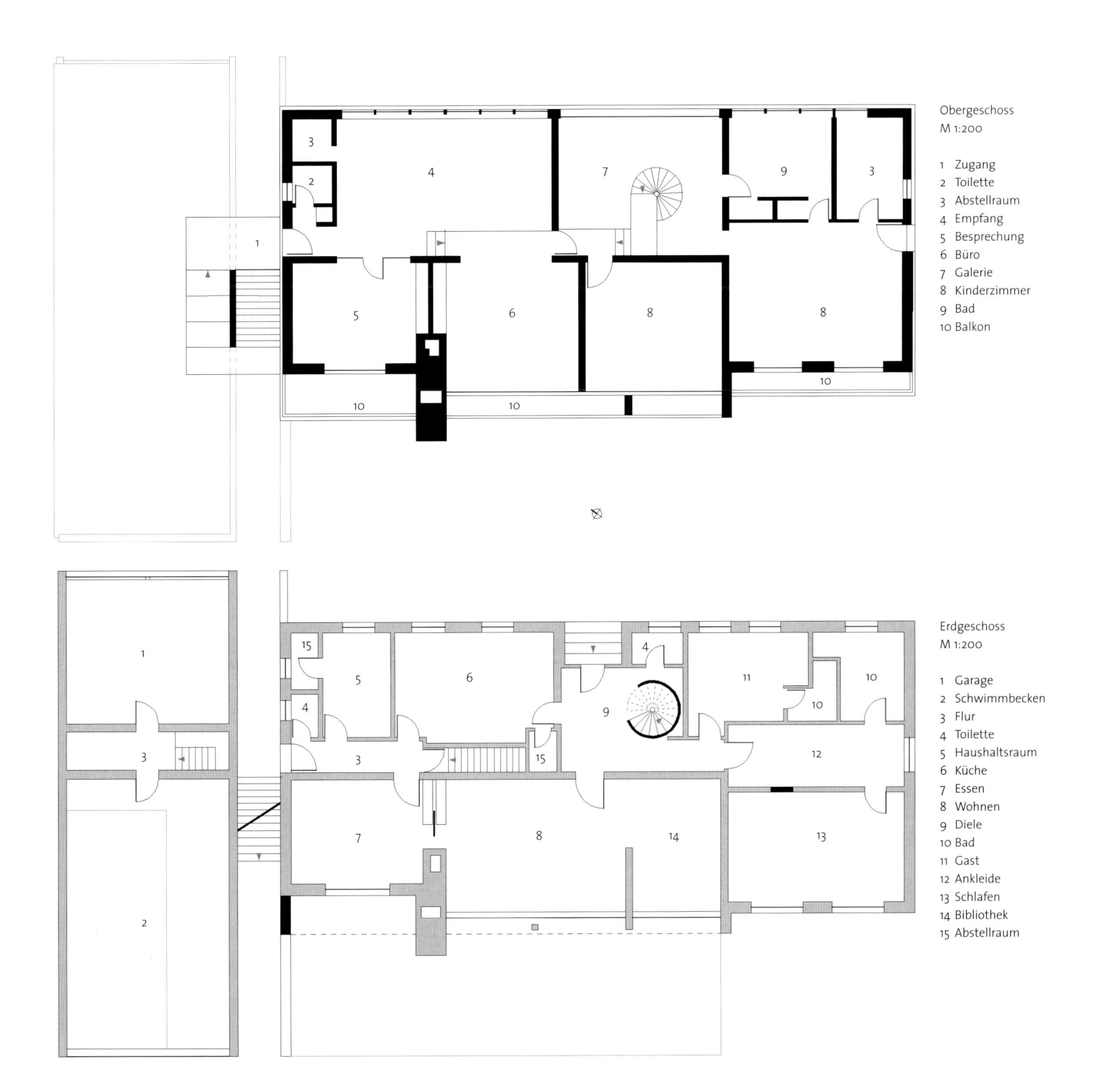

1 Garage
2 Schwimmbecken
3 Flur
4 Toilette
5 Haushaltsraum
6 Küche
7 Essen
8 Wohnen
9 Diele
10 Bad
11 Gast
12 Ankleide
13 Schlafen
14 Bibliothek
15 Abstellraum

Baudaten:

Baujahr Bestand:
1965
Bauweise:
Mauerwerk mit Betondecken
Baujahr Umbau:
2000
Grundstücksgröße:
1.110 m²
Wohnfläche vorher/nachher:
235 m²/435 m²
Anzahl Bewohner:
4
Baukosten gesamt:
380.000 EUR
Baukosten je m²:
1.900 EUR

Geschütztes Ensemble in den Alpen

Umbau eines Wohnhauses in Arriach/Österreich
Architekt: Ernst Roth, Feldkirchen in Kärnten/Österreich

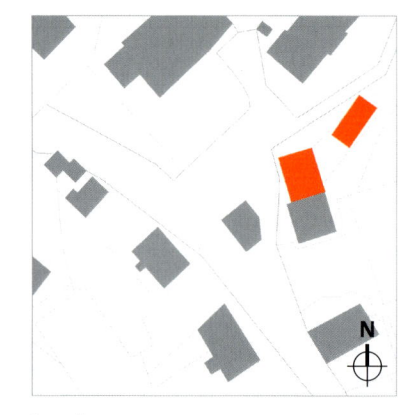

Lageplan

Ansicht der Westfassade vor dem Umbau.

Projektübersicht:

🔺 **Aufgabe:**
Umbau eines Wohnhauses in Arriach/Kärnten
Bedingungen:
Umnutzung der Bäckerei im EG, Komplettmodernisierung
🔺 **Lösung:**
Kompletter Umbau und Sanierung, Schaffung von separaten Wohnungen
Sonstiges:
Umbau der ehemaligen Scheune, Beton-Zwischenbau als Carport und Terrasse
🔺 **Bauweise und Materialien Anbau**
Wände:
UG Beton, Haupthaus neuer Vollwärmeschutz und Wintergärten
Decken:
Stahlbeton
Dächer:
Holzsparrendach mit Titanzinkblechdeckung

Bauen in den Bergen ist ohne Eingriffe in das Gelände kaum vorstellbar. Meist müssen erst ebene Flächen geschaffen werden, die sich bebauen lassen. Auch bei Umbauten sind Modellierungen am Gelände manchmal unvermeidlich. Wenn sich aber noch schier unüberwindliche Papierberge behördlicher Einschränkungen und Baustopps vor Bauherr und Architekt auftürmen, wird Bauen eine Zeit und Energie raubende Tätigkeit. Trotz mehrerer Anläufe hätten die Widerstände der Baubeamten dieses Projekt beinahe zu Fall gebracht.

Dem Ergebnis sieht man diese Mühen nicht mehr an. Ein Gebäudeensemble, das in einem Kärntner Dorf auf 900 m Höhe steht, setzt sich aus drei Gebäuden zusammen, von denen eines separat als Mehrfamilienhaus genutzt wird und hier nicht näher besprochen werden soll. Dagegen wurde das Hauptgebäude an der Straßenecke zuvor im Erdgeschoss als Bäckerei genutzt und sollte nun umgenutzt und modernisiert werden, wobei Büroräume des Bauherrn und separat vermietbare Wohnungen zu integrieren waren. Das Umfeld des Gebäudes war bestimmt von abschüssigen Böschungen und einem etwas abseits platzierten dritten Gebäude, das früher als Scheune diente. Der Entwurfsansatz besteht darin, genau dieser unattraktiven Hinterseite mit einer optimalen Einbindung ins Gelände entgegenzuwirken. Deswegen wurde das Gelände auf der Bergseite aufgeschüttet und durch Betonwände abgefangen. Darüber wurde eine neue Betondecke aufgelegt, die zwischen Wohngebäude und Scheune nach den Worten des Architekten als »Gelenksbauwerk« vermittelt. Im Schutze dieser Decke befinden sich offene Parkflächen für die Autos, dahinter ein Schutzbau. Vor der Scheunenwand – aus deren Flucht allerdings ausgeschwenkt –

Unter der Betonplatte des Schutzbaus ergibt sich ein offener Stellplatz für die Autos. Darüber schafft eine Wand aus Lärchenlamellen einen nicht einsehbaren Sitzplatz auf der Terrasse.

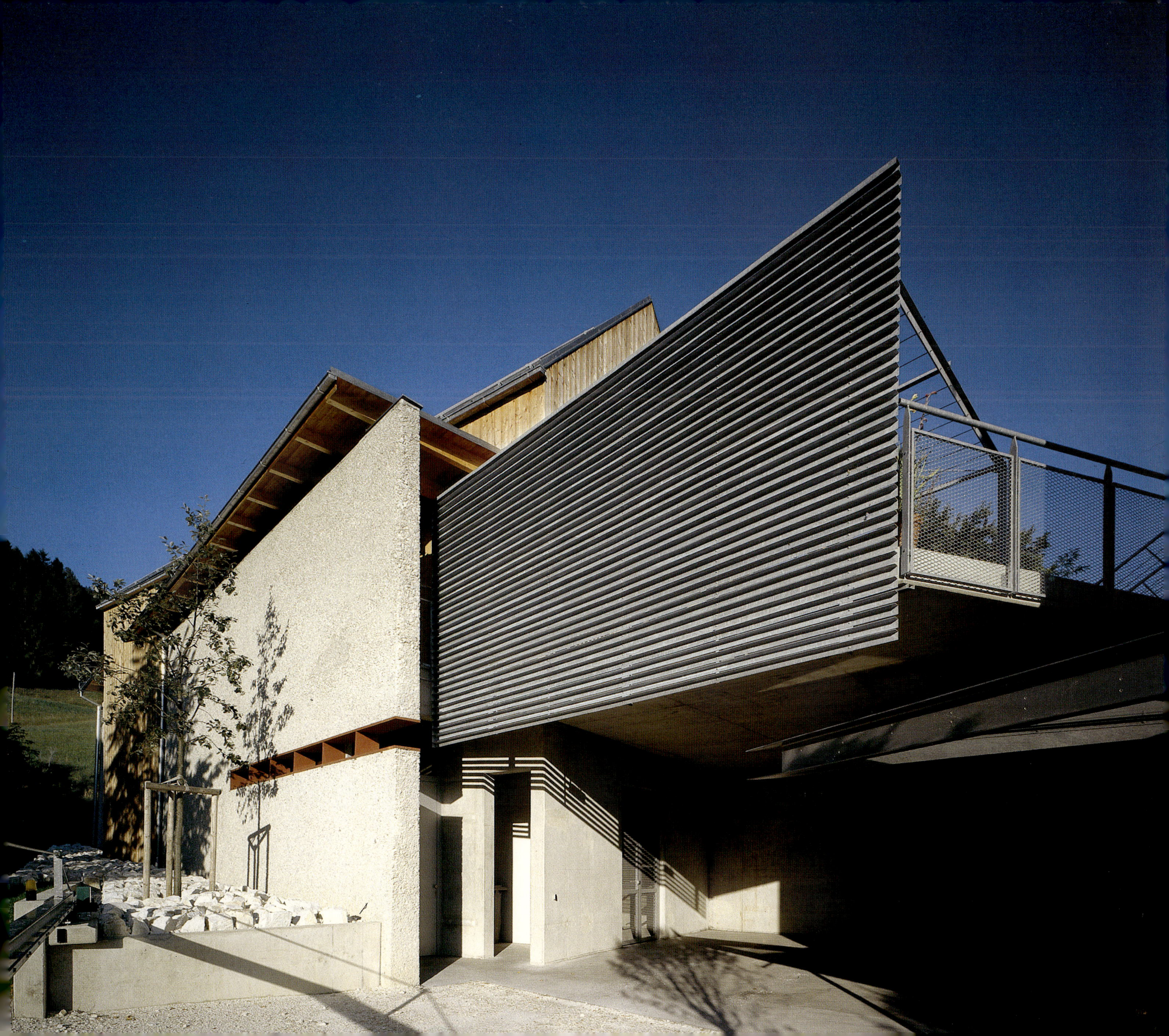

Dominierende Elemente an der Südseite des Gebäudes sind die eingerückten Wintergärten und die Stahl-Holz-Konstruktion der Balkonvorbauten.

Die ehemals solitär stehenden Gebäude sind zu einem neuen Ensemble verwachsen.

Den neu gewonnenen Sonnenplatz vor der revitalisierten Scheune überdeckt ein filigranes Stahlgerüst als Pergola.

Blick auf die westliche Eingangsfassade mit der im Vordergrund sichtbaren Schutzwand, die den Scheunenbau verdeckt.

fungiert eine hohe Wand mit einem markanten Sehschlitz als Sicht- und Wetterschutz der Scheune. Das alte Holzfachwerk wurde entkernt, durch neue Balken ergänzt und zum überdachten Rückzugsraum des Bauherrn umgewandelt. Vor diesem Raum liegt eine besonnte Terrasse mit einer luftigen Pergola aus Stahlprofilen. Gleichzeitig halten die feinen Profilrahmen an der Westseite einen Sichtschutz aus Lärchenlatten. Auf der Terrassenplattform endet eine gerade Stahltreppe mit Podest, die den Zugang zum Dachgeschoss überbrückt. An der Südfassade des Hauptbaus fangen verschiebbare Glasvorbauten, die im Winter als Pufferzone dienen, die Sonneneinstrahlung ein. Die dem Gebäude vorgelagerten Balkone werden von einem durchlässigen Stahl-Holz-Baldachin als separat ablesbares Element zusammengefasst.

Geschütztes Ensemble in den Alpen

Obergeschoss
M 1:300

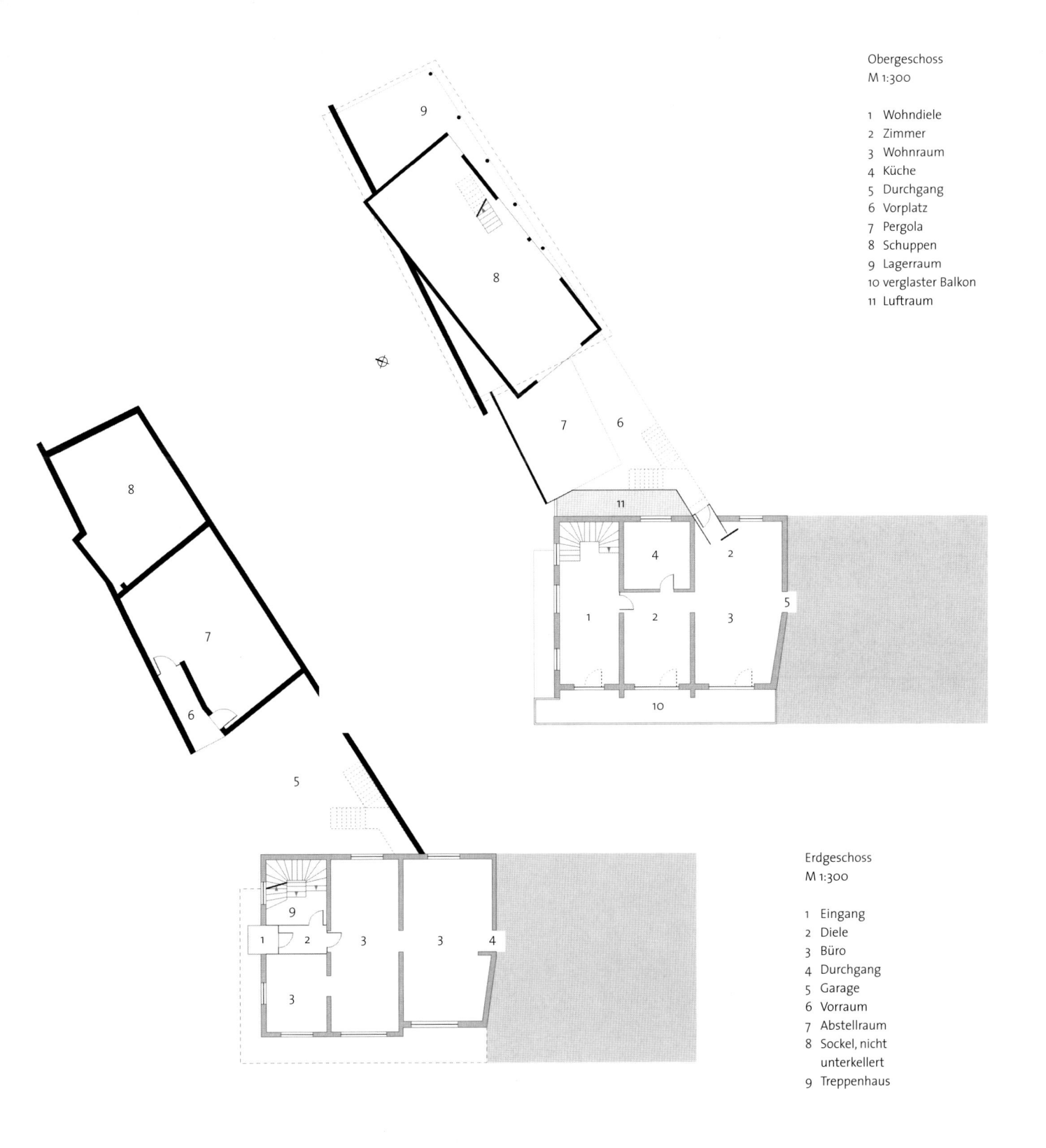

1 Wohndiele
2 Zimmer
3 Wohnraum
4 Küche
5 Durchgang
6 Vorplatz
7 Pergola
8 Schuppen
9 Lagerraum
10 verglaster Balkon
11 Luftraum

Erdgeschoss
M 1:300

1 Eingang
2 Diele
3 Büro
4 Durchgang
5 Garage
6 Vorraum
7 Abstellraum
8 Sockel, nicht unterkellert
9 Treppenhaus

Baudaten:

Baujahr Bestand:
1965
Bauweise:
Mauerwerk mit Betondecken
Baujahr Umbau:
1998
Grundstücksgröße:
ca. 2.500 m²
Wohnfläche vorher/nachher:
335 m²/566 m²
Anzahl Bewohner:
6
Baukosten gesamt:
622.000 Euro
Baukosten je m²:
1.100 Euro

Zweite Haut um ein altes Haus

Um- und Anbau eines Wohnhauses in Haid/Oberösterreich
Architekt: Klaus Leitner, Linz/Österreich

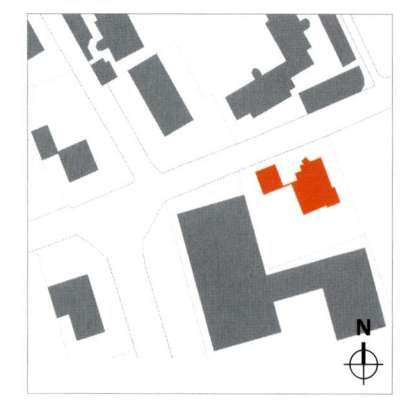

Lageplan

Ansicht des Gebäudes vor dem Umbau.

Projektübersicht:

♦ **Aufgabe:**
Um- und Anbau eines Wohnhauses in Haid/Oberösterreich
Bedingungen:
Erhalt des Bestandes
♦ **Lösung:**
Gebäudeumgriff mit einem eingeschossigen Anbau
Sonstiges:
Gestaltung des Vorplatzes und der Terrassen mit Betonplatten
♦ **Bauweise und Materialien Anbau**
Wände:
Sichtbeton mit Kerndämmung
Decken:
Beton verputzt
Dächer:
Flachdach mit Kunststoffabdichtung

Schmucklos und bieder muten die meisten Einfamilienhäuser aus den 60er-Jahren an. Die Architektur der Wirtschaftswunderzeit zeichnet sich häufig durch sparsame Details und unbeholfen wirkende Baukörper aus. Auch das Elternhaus des Bauherrn stand etwas verloren auf dem kaum eingegrünten Grundstück. Die Zufahrt von der Straße zu den Garagen führte direkt am Haus und den Balkonen vorbei. Mit den Jahren war auch das Werkstattgebäude des Firmenbesitzers in die Höhe geschossen und dominierte den rückwärtigen Garten.

Die Antwort des Architekten auf diese nicht gerade positiven Einflüsse hätte nicht schlüssiger sein können. Unter der Rubrik „Einigeln" könnte man den Entwurfsansatz am ehesten verständlich machen. Der Grundriss des ursprünglichen Hauses wurde bis auf ein paar notwendige Durchbrüche kaum verändert. Wie eine zweite Schicht umwehrt eine teils geschlossene, teils offene Struktur das Haus. Als Baumaterial wurde Beton gewählt, sichtbar belassen, um dem gebrochen weiß verputzten Altbau eine klare Kontur entgegenzusetzen. Ein Flügel der Umwehrung greift in den Garten aus und umhüllt die dahinter liegende Garage und den mit grauen Betonfliesen belegten Vorplatz. An der Straßenseite stülpt sich ein schräg unter die Umrisswand eingestellter Edelstahlkubus dem Besucher entgegen. Über drei niedrige Stufen erreicht man eine überdeckte Vorzone mit dem Eingang, wo gleichzeitig eine rollstuhlgerechte Rampe mündet.

Der hüllende Anbau verbindet als optische Klammer das alte Haus mit dem Garten. Im Hintergrund ist die Werkhalle des Bauherrn erkennbar.

Der wie lose eingestellte Blechkörper definiert eindeutig, wo der Zugang ist.

Die Decke des Wohnzimmers ist abgestuft, sodass über Streifenoberlichter indirektes Tageslicht eindringen kann.

Die Glaskanzel schiebt sich aus dem Gebäude über den Kellerabgang.

Hinter der Eingangstür bietet, bevor man das ehemalige Haus betritt, eine neu gewonnene Garderobe Platz für Mäntel und Schuhe. Die alte zweiläufige Treppe bestimmt den hohen Luftraum der Diele. Überraschend öffnet sich ein Seitenflur vor der Küche, der einen „Augenblick" in den Garten erlaubt: ein auskragender Glaskubus an der Ostseite macht es möglich. Wesentlichen Platzgewinn brachte allerdings die Erweiterung des Wohnzimmers zu einem dreiseitig verglasten Raum, dessen aufgeständerte Decke sogar noch zusätzliches Licht aus schmalen Oberlichtern einfängt.

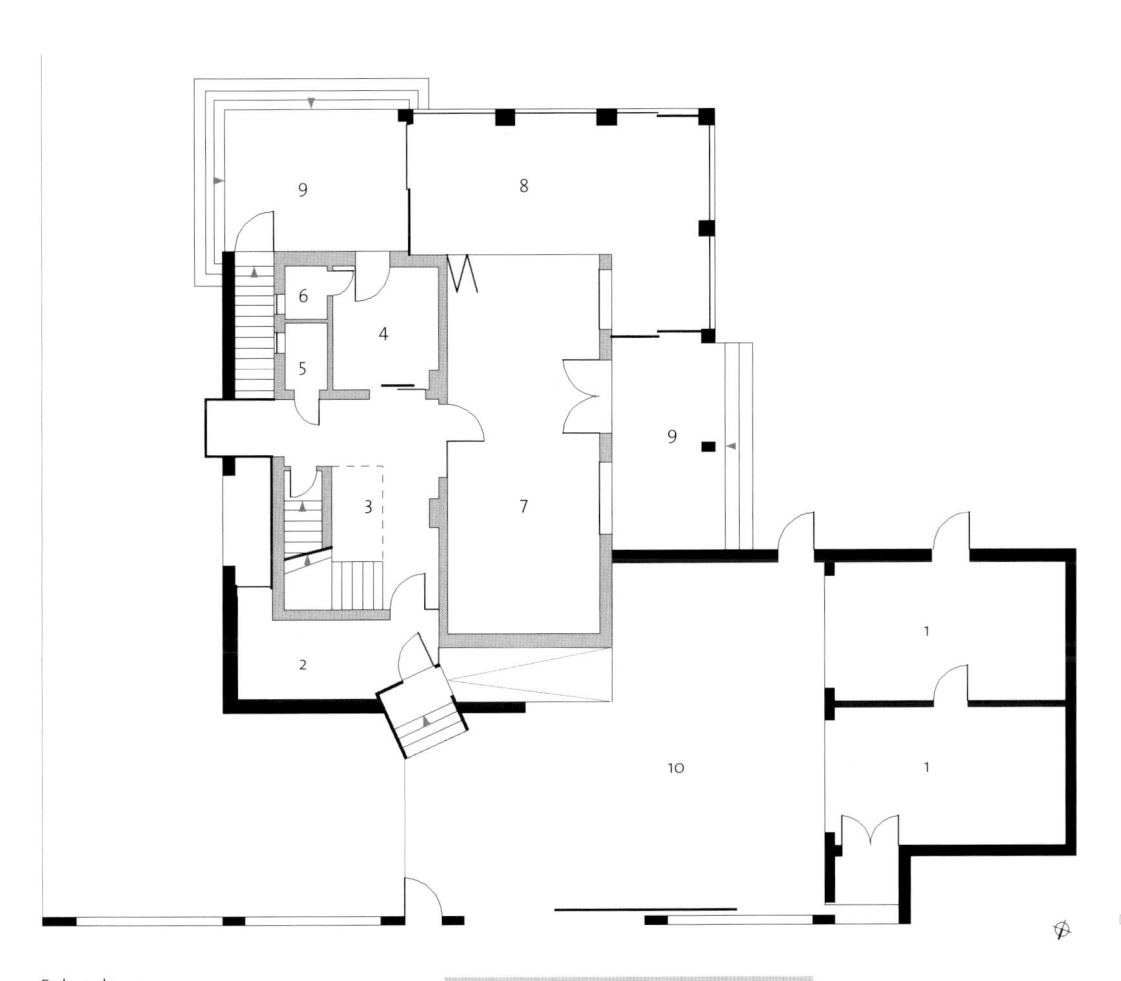

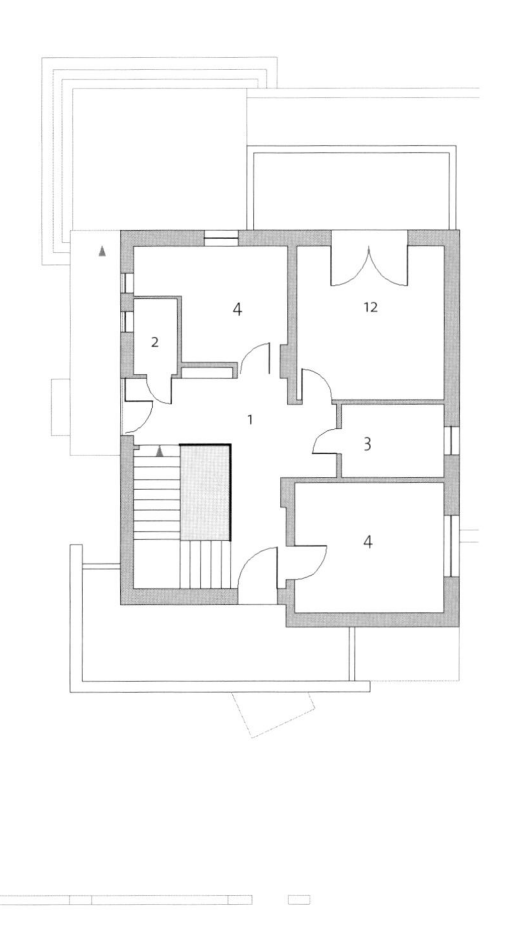

Erdgeschoss
M 1:200

1 Garage
2 Vorraum
3 Diele
4 Küche
5 Toilette
6 Abstellraum
7 Essen
8 Wohnen
9 Terrasse
10 Einfahrt

Baudaten:

Baujahr Bestand:
1962
Bauweise:
Mauerwerk mit Betondecken
Baujahr Umbau:
2001
Grundstücksgröße:
1.200 m²
Wohnfläche vorher/nachher:
135 m²/181 m²
Anzahl Bewohner:
2
Baukosten gesamt:
300.000 Euro
Baukosten je m²:
1.650 Euro

Obergeschoss
M 1:200

1 Diele
2 Toilette
3 Bad
4 Zimmer

Versetzte Ebenen als Thema

Aufstockung eines Wohnhauses in Zürich/Schweiz
Architekt: Binder Architektur AG, Winterthur/Schweiz

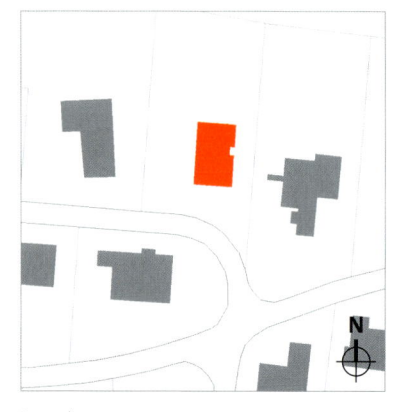

Lageplan

Projektübersicht:

◆ **Aufgabe:**
Aufstockung eines Wohnhauses in Zürich/Schweiz
Bedingungen:
Kleines Haus mit Splitlevel, enger Grundrisszuschnitt im EG
◆ **Lösung:**
Abbruch des Norddachs und Aufstockung mit Pultdach
Sonstiges:
Neue Treppe ins OG
◆ **Bauweise und Materialien**
Aufstockung
Wände:
Mauerwerk mit hinterlüfteter Faserzementverschalung
Decken:
Betondecke verputzt
Dächer:
Gedämmtes Pultdach mit Betonziegeldeckung

Blick vom Waldrand auf das Satteldach des Hauses vor dem Umbau.

Versetzte Ebenen waren im Einfamilienhausbau bis in die 80er-Jahre des vorigen Jahrhunderts Zeitgeist. Durch den Höhenversatz der Geschosse konnte man gut auf Niveausprünge des Geländes antworten, um ebenerdige Austritte aus dem Gebäude sowohl hangaufwärts als auch -abwärts zu schaffen. Die Deckensprünge, die sich durch eine solche Grundrissverschiebung ergeben, benennt man mit dem Fachbegriff „Split-Level". Nachteile des Systems liegen in den höheren Kosten und der verzögerten Terminierung der nicht in einem Zug herzustellenden Betondecken. Das hat dazu beigetragen, dass dieser Typus etwas in Vergessenheit geraten ist. Beim Umbau des Hauses gereichte dies aber zum Vorteil, da nur ein Teil des Hauses aufgestockt werden sollte.

Um den wachsenden Raumbedürfnissen der Familie der Bauherren gerecht zu werden, war ein neuer Elterntrakt im Obergeschoss zu ergänzen. Dazu wurde der nördliche Teil des Satteldachs abgehoben, Außenwände auf der ehemaligen Dachbodenebene aufgemauert und darüber ein Pultdach in der selben Neigung wie die vormalige Dachfläche gezimmert. Der neue Pultdachfirst greift gerade so weit über den ehemaligen Satteldachfirst hinaus, dass in der nach Süden orientierten Wand drei lange Schlitzfenster eingebaut werden konnten, die die nordseitigen Räume zusätzlich belichten. Das im vormals unbelichteten Zentrum des tiefen Grundrisses gelegene Treppenhaus erhielt durch zwei neue Dachflächenfenster Tageslicht von oben. Die beiden obersten Treppenläufe, die zum neuen Elterntrakt führen, wurden mit Glastrittstufen versehen, um die gewonnene Lichtausbeute

Der Nordtrakt wurde aufgestockt und mit einem Pultdach versehen. Rote Faserzementtafeln machen auf die veränderte Gebäudesilhouette aufmerksam.

Mit Stahlträgern musste die Decke unterstützt werden, um die große Öffnung zur Terrasse und das offene Grundrisskonzept im Wohnbereich zu ermöglichen.

Die halbgeschossig versetzten Ebenen werden mit zweiläufigen Treppen verbunden, deren oberste Tritte aus geätztem Sicherheitsglas Streulicht bis in den Keller fallen lassen.

möglichst zu optimieren. Licht war auch das Thema im Erdgeschoss bei der Umgestaltung der Wohnküche und des Esszimmers, die in einen Raum zusammengeführt wurden. Um die an der Westseite vor dem Essbereich liegende Terrasse optisch ins Haus einzubinden, wurde eine große Fensteröffnung in der neu erstellten Außenwand ausgespart und die Terrassenfläche angehoben. Im Zuge dessen musste die Decke des darüber liegenden Geschosses mit einer Stahlträger-Konstruktion abgefangen werden.

Versetzte Ebenen als Thema

Direkt vor dem Eckfenster, das einen Blick in den nahen Wald erlaubt, wurde die Badewanne platziert.

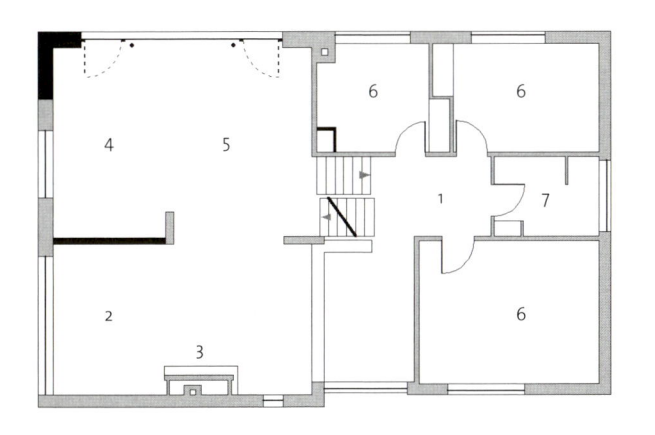

Baudaten:

Baujahr Bestand:
1965
Bauweise:
Mauerwerk mit Betondecken
Baujahr Umbau:
2001
Grundstücksgröße:
ca. 1.000 m²
Wohnfläche vorher/nachher:
145 m²/205 m²
Anzahl Bewohner:
4
Baukosten gesamt:
376.000 Euro
Baukosten je m²:
1.830 Euro

Obergeschoss
M 1:200

1 Diele
2 Wohnen
3 Kamin
4 Küche
5 Essen
6 Kinderzimmer
7 Bad

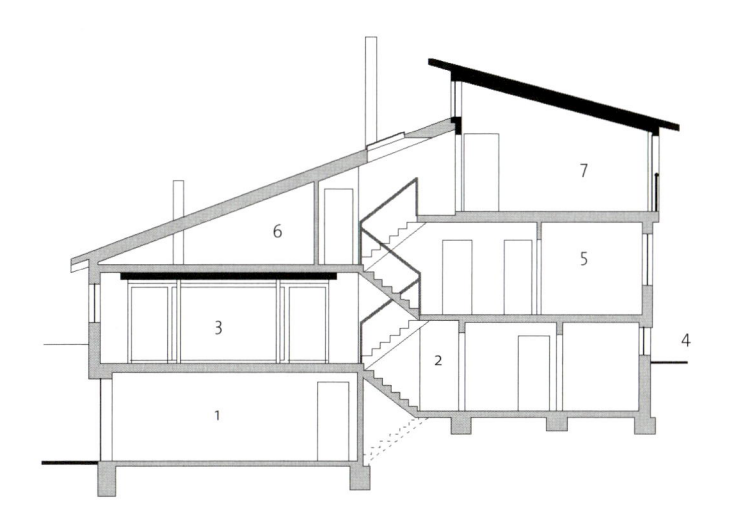

Schnitt
M 1:200

1 Garage
2 Eingang
3 Wohnküche
4 Garten
5 Kinderebene
6 Abstellraum
7 Elternebene

Über schmale Schlitzfenster, die sich aus dem Höhenversatz der Pultdächer erklären, fällt das Streiflicht der Südsonne in den Schlafraum an der Nordseite.

Filigrane Blechtonne

Aufstockung eines Wohnhauses in Stuttgart
Architekten: Architektenbüro 4a, Burkert, Pritzer,
von Salmuth und Tillmanns, Stuttgart

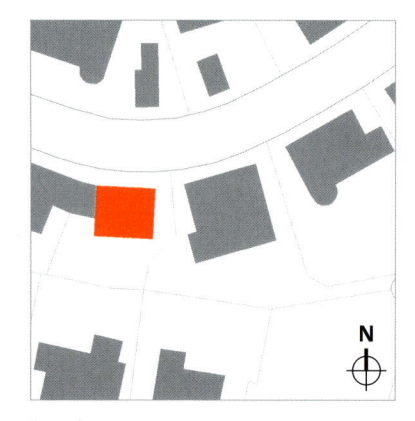

Lageplan

Projektübersicht:

🔺 **Aufgabe:**
Aufstockung eines Wohnhauses in Stuttgart
Bedingungen:
Flachdach mit eingerücktem Staffelgeschoss
🔺 **Lösung:**
Abbruch des Dachaufbaus und Ersatz durch eine eineinhalbgeschossige Aufstockung
Sonstiges:
Bestand musste über ganze Bauzeit bewohnbar bleiben
🔺 **Bauweise und Materialien**
Aufstockung
Wände:
Innenwände Trockenbau
Decken:
Stahlträger mit ausbetoniertem Trapezblech, Estrich und Belag
Dächer:
Holzleimbinder mit Schalung, Dämmung, Folienabdichtung und Alu-Rohren

Das Flachdach wurde mit Einsetzen der Moderne zum Zankapfel zwischen den Traditionalisten und der Avantgarde, die sich um Architekten wie Le Corbusier und Gropius scharte. Von einigen kritischen Stimmen wurde es sogar als Angriff auf Heimat und abendländische Kultur gesehen. Die Wogen dürften sich mittlerweile etwas geglättet haben, aber die überwiegende Mehrheit der Bebauungspläne schreibt ein Satteldach vor. Wenn also, wie in diesem Fall, ein Gebäude aus den Zeiten des Wirtschaftswunders einen neuen Dachaufsatz an Stelle eines bisherigen so genannten Staffelgeschosses mit Flachdach erhalten soll, scheint zumindest manch bremsendes Vorurteil zu entfallen, da das Gebäude dadurch im Sinne von Feinden des Flachdachs nur besser werden kann. Dass das Gebäude aber kein Steildach mit Giebel, sondern ein Tonnendach erhalten hat, mag manch gerade erstickten Entrüstungsruf schon wieder entnehmen.

Tatsächlich hat das kubische Gebäude, dessen Fassade mit dunkelbraun gebrannten Klinkern verkleidet ist und im Stuttgarter Stadtteil Killesberg an einem steilen Hang steht, qualitativ nur gewonnen. Der Entwurf der vier Architekten, allesamt ehemalige Mitarbeiter im renommierten Büro Behnisch, Behnisch und Partner, bestand darin, im zylindrischen Volumen zwei Ebenen unterzubringen, die einer zusätzlichen Einliegerwohnung mit drei Räumen Platz bietet. Die halbrunde Form erlaubt die größtmögliche Ausnutzung des Dachvolumens für eine zweite Schlafebene. Während an der relativ unattraktiven Nordseite nur ein Fenster die Dachhaut durchbricht, wurde die südliche Tonnenrundung komplett verglast, um den weiten Ausblick auf den Stuttgarter Talkessel ins Wohngeschehen mit einzubeziehen. Ein kleiner Austrittsbalkon, der vor der Südfassade der Tonne liegt, wird über ein in die gekrümmte Fassadenhaut eingestelltes Türelement

Das Gebäude mit dem eingerückten Staffelgeschoss vor dem Umbau.

Vom Südbalkon bietet sich ein Blick über Stuttgart.

Zur Straße hin gibt sich die nördlich liegende Tonnenwölbung bis auf das Badfenster geschlossen.

Im Streiflicht der Südsonne führt eine expressiv gestaltete Einholm-Stahltreppe zur Galerie empor.

erreicht. Im Gegensatz zu den zweischichtig überlagerten Rundungen reduzieren sich die Details an den beiden Stirnseiten auf die flächige Wirkung von glatten Aluminiumtafeln, die nur knapp vor durchgehenden Fensterbändern sitzen. Im Gegensatz zum erdigen Klinkerkörper der beiden unteren Geschosse wurden für die Aufstockung Glas, Holz und Aluminium als Werkstoffe gewählt. Diese werden in einer zweiten Konstruktionsebene von dünnen horizontalen Rohrprofilen zum Teil als symbolisierte Dachhaut, zum Teil als Blendschutz eingehüllt.

Die geschlossene Dachuntersicht überwölbt den Schlafraum und eine kleine Nasszelle.

78   Filigrane Blechtonne

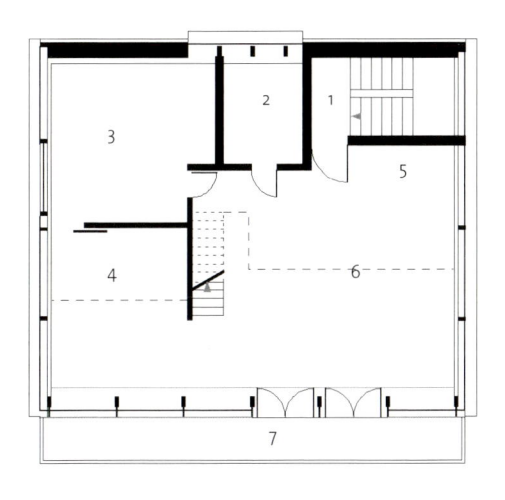

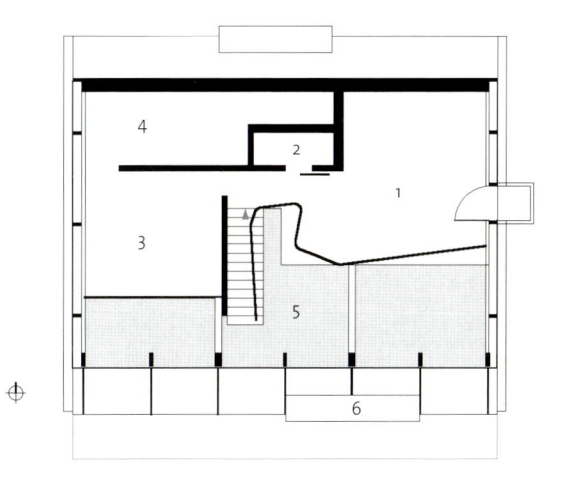

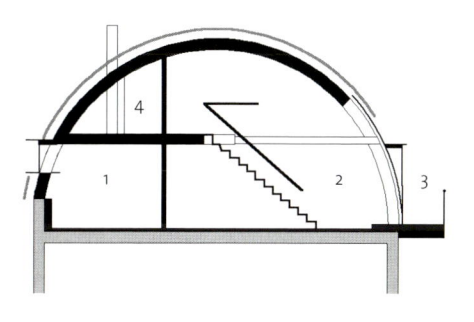

1. Obergeschoss
M 1:200

1 Treppenhaus
2 Bad
3 Arbeitsraum
4 Wohnen
5 Küche
6 Essen
7 Balkon

2. Obergeschoss
M 1:200

1 Galerie
2 Dusche
3 Schlafen
4 Abstellraum
5 Luftraum
6 Balkon

Schnitt
M 1:200

1 Bad
2 Wohnen
3 Balkon
4 Abstellraum

Wenige Innenwände teilen das offene Raumvolumen.

Baudaten:

Baujahr Bestand:
1967
Bauweise:
Doppelschaliges Mauerwerk mit Betondecken
Baujahr Umbau:
2000
Grundstücksgröße:
ca. 410 m²
Wohnfläche vorher/nachher:
ca. 160 m²/250 m²
Anzahl Bewohner:
4
Baukosten gesamt:
230.000 Euro
Baukosten je m²:
2.550 Euro

Neuordnung um zwei Achsen

Umbau eines Wohnhauses in Bad Homburg
Architekten: Frick + Reichert, Frankfurt am Main

Lageplan

Projektübersicht:

🔸 **Aufgabe:**
Umbau eines Wohnhauses
in Bad Homburg
Bedingungen:
Verwinkelter Grundriss,
schlecht belichtetes EG
🔸 **Lösung:**
Abbruch von Zwischenwänden
und klare Raumaufteilung
Sonstiges:
Verzahnung des EG zwischen
Innen und Außen
🔸 **Bauweise und Materialien Umbau**
Wände:
Verputztes Mauerwerk
Decken:
Verputzter Beton
Dächer:
Flachdach mit Bitumendeckung

Auf der Suche nach einem geeigneten Kaufobjekt hatten die Bauherren bereits erste Kontakte mit den Architekten geknüpft; sie erhielten aber erst nach einem Ideenwettbewerb mit einem Kölner Innenarchitekten den Zuschlag für die Modernisierung dieses Projekts. Enge, verwinkelte Räume kennzeichneten das Wohnhaus vor dem Umbau. Das Erdgeschoss war sogar so schlecht belichtet, dass es die Bauherren eher an einen Keller als an Wohnräume erinnerte.

Um vor allem das Erdgeschoss optimal zu nutzen, waren größere Eingriff in die Bausubstanz unvermeidlich. Etwas versetzt zum Eingang durchläuft ein Flur die Längsrichtung des Hauses und setzt sich jenseits einer Glastür im Garten fort. Selbst der bestehende Belag aus grünlichem Naturstein zieht sich von außen nach innen durch. Entlang des Flures wurden drei kleine Räume als „Serviceschiene" zusammengefasst. Orthogonal zum Längsflur trennt eine neue Querachse den Schlaftrakt der Eltern von den beiden Kinderzimmern. Auch dieser Flur weist den Weg ins Freie. Dort konnte durch Abgrabung des Hanges vor den Schlafzimmern ein geschützter Patio geschaffen werden, der die Belichtungsverhältnisse im Erdgeschoss entscheidend verbesserte. Die einzelnen Bereiche, die von den Architekten auch als

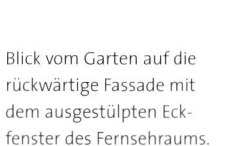

Blick vom Garten auf die rückwärtige Fassade mit dem ausgestülpten Eckfenster des Fernsehraums.

Die Kaminwand trennt als plastisches Element das Wohnzimmer vom Flur und der dahinter liegenden Küche.

Mit Glasmosaiken wurde der Kubus der gemauerten Badewanne des Elternbads bekleidet.

Kuben definiert werden, sind mit unterschiedlichen, den Bedürfnissen angepassten Bodenbelägen versehen: der Elternbereich mit Olivenholzparkett, die Bäder mit Mosaikfliesen, die Kinderzimmer mit unempfindlichem Linoleum und die Flurbereiche mit eingefärbtem Estrich. Eine zweiläufige Treppe neben dem Eingang führt in das Obergeschoss.

Während im Erdgeschoss die einzelnen Funktionen als Kuben klar voneinander abgegrenzt sind, manifestiert sich in der türenlosen Offenheit des Obergeschosses ein so genannter „fließender" Grundriss. Das Abbrechen fast aller Trennwände hat dennoch nicht die räumlich unterschiedlichen Nutzungen aufgehoben. Ein markanter Kamin trennt als wandartiges Element den Wohnbereich von der offenen Küche mit linear angegliedertem Essbereich. Zum Lesen, Fernsehen oder Entspannen kann sich die Familie in den Fernsehraum, der durch ein paar Differenzstufen tiefer als die Wohnebene liegt, zurückziehen.

Geräucherte Eiche läuft wie ein Teppich über die mehrfach abgestufte Ebene des Obergeschosses und bindet die einzelnen Bereiche optisch zusammen.

82 Neuordnung um zwei Achsen

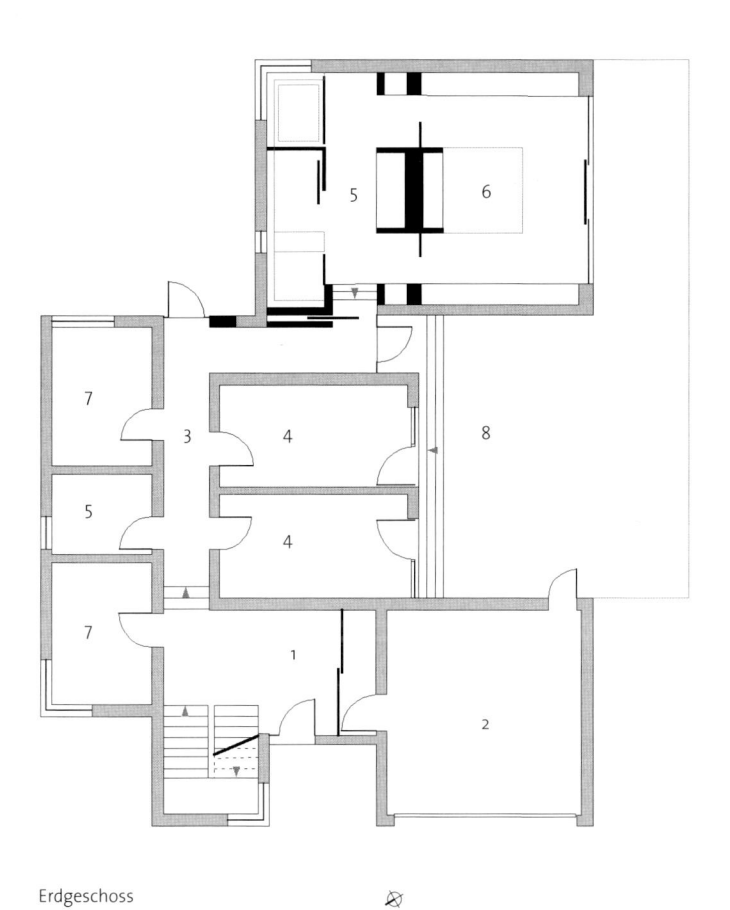

Erdgeschoss
M 1:200

1 Diele
2 Garage
3 Flur
4 Kinderzimmer
5 Bad
6 Eltern
7 Zimmer
8 Patio

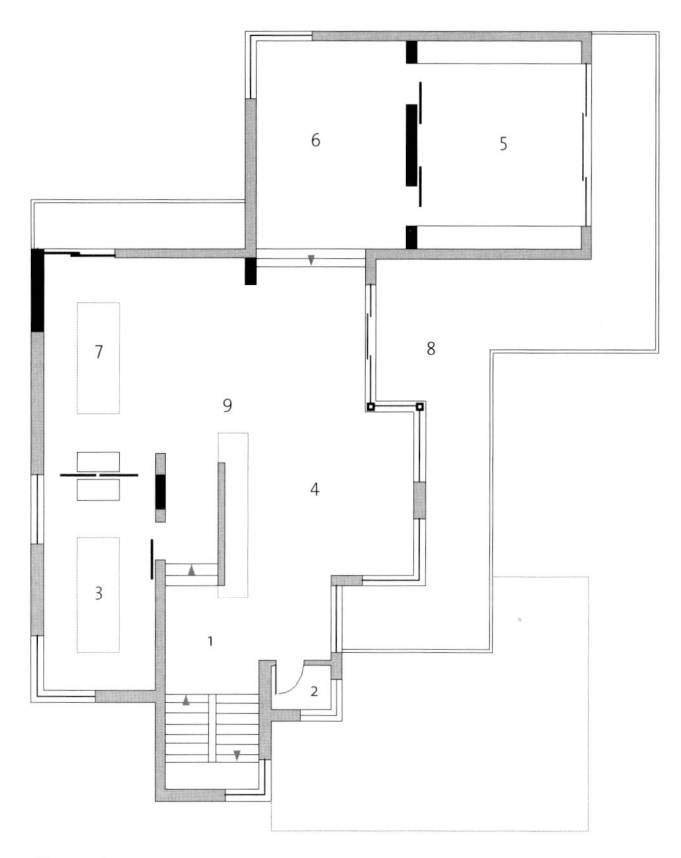

Obergeschoss
M 1:200

1 Diele
2 WC
3 Küche
4 Zimmer
5 Bibliothek
6 Fernsehraum
7 Essen
8 Balkon
9 Wohnen

Baudaten:

Baujahr Bestand:
ca. 1970
Bauweise:
Mauerwerk mit Betondecken
Baujahr Umbau:
1999
Grundstücksgröße:
910 m²
Wohnfläche vorher/nachher:
445 m²
Anzahl Bewohner:
4
Baukosten gesamt:
312.000 Euro
Baukosten je m²:
700 Euro

Die Verbreiterung des Eckfensters im Fernsehraum wirkt wie eine nischenartige Kanzel, in der die Kinder sitzen können und den Garten vor Augen haben.

Fertighaus mit Dachpavillon

Aufstockung eines Fertighauses in Heilbronn
Architekt: Mathias Müller, Heilbronn

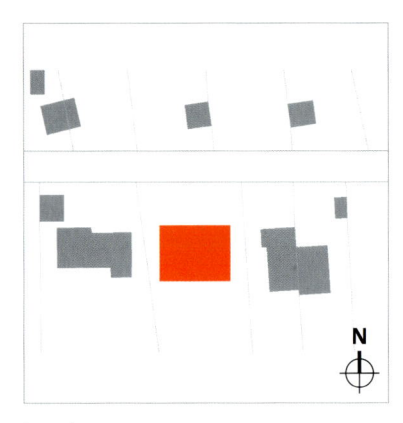

Lageplan

Projektübersicht:

🔶 **Aufgabe:**
Aufstockung eines Fertighauses in Heilbronn
Bedingungen:
Sanierung überfällig, Grundrisserweiterung notwendig, Bausubstanz nicht erweiterbar
🔶 **Lösung:**
Abbruch des OG und Ersatz durch neue Holzkonstruktion
Sonstiges:
Dach als begehbare Terrasse mit Dachlaterne, Sanierung des Swimmingpools
🔶 **Bauweise und Materialien Aufstockung**
Wände:
Holzständerbauweise mit Kerndämmung und hinterlüfteter Lärchenschalung
Decken:
Unten Beton, oben Holzbalkendecke mit Trittschallschutz und Parkett
Dächer:
Holzbalken mit Dämmung, Bitumenabdichtung, teilweise Lärchenrost oder Begrünung

Ein herkömmliches Fertighaus zeigt meist erst nach Jahren seine mittelmäßige Qualität, wenn die erste Modernisierung ansteht. Oft wird schlecht detailliert und Bauteile im Hinblick auf einen günstigen Endpreis ausgedünnt. Spätere Eingriffe scheitern dann an den sehr einseitig optimierten Lösungen, so auch bei diesem Haus am Hundsberg in Heilbronn. Um Bäder, Heizung und Küche mit ein paar zusätzlich gewünschten Grundrissänderungen dem derzeitigen Stand der Technik anzupassen, wären folgenschwere Eingriffe in das Tragsystem unumgänglich gewesen. Das vormalige Fertighaus mit einem unzugänglichen flachen Satteldach wurde deshalb teilweise abgerissen und durch einen neuen Aufbau in Holzskelettbauweise ersetzt. Das massiv gemauerte Untergeschoss, das in den steilen Hang eingebaut war, konnte dagegen erhalten werden. Um die Fläche des neuen Aufbaus etwas zu vergrößern, tragen auf der Rohbetondecke des Untergeschosses auskragende Stahlträger einen Ringanker, auf den die Außenwände des neuen Geschosses aufgestellt werden konnten.

Der Entwurf des Architekten berücksichtigte – anders als der Vorgängerbau – die Ausblicke auf die Bergkuppe und in das Tal. Wohnbereich, Essraum und Küche wurden in ein zusammenhängendes Raumvolumen integriert, das sich quer durch die ganze Haustiefe erstreckt. Das Kirschholzparkett der großen Wohnfläche setzt sich optisch in der Lärchenholzterrasse bis zum sanierten Schwimmbad im Garten fort. Außen- und Innenraum verschmelzen, wenn die scheunentorgroßen Glasschiebeflügel geöffnet werden. Krönung der Baumaßnahme bildet ein kleiner Dachpavillon, der auf der großzügigen Dachterrasse beinahe etwas verloren wirkt. Ein Teil des Flachdaches ist extensiv begrünt, während der größte Teil mit Lärchenholz analog zur Wandbekleidung belegt ist. Hier oben bietet sich ein weiter Blick über die umliegenden Weinberge und Obstplantagen, der den finanziellen Aufwand für den Umbau des Hauses mehr als wettmacht. Im Anschluss an den Neubau der beiden Obergeschosse wurde der Hauseingang zu einem breiten Portal erweitert und die dahinter anschließende Diele mit den einläufigen Stahl-Holz-Treppen optisch aufgewertet. Die übrigen Eingriffe im Erdgeschoss blieben bis auf die neue Haustechnik marginal.

Die Kaminwand trennt als plastisches Element das Wohnzimmer vom Flur und der dahinter liegenden Küche.

Mit Glasmosaiken wurde der Kubus der gemauerten Badewanne des Elternbads bekleidet.

Kuben definiert werden, sind mit unterschiedlichen, den Bedürfnissen angepassten Bodenbelägen versehen: der Elternbereich mit Olivenholzparkett, die Bäder mit Mosaikfliesen, die Kinderzimmer mit unempfindlichem Linoleum und die Flurbereiche mit eingefärbtem Estrich. Eine zweiläufige Treppe neben dem Eingang führt in das Obergeschoss.

Während im Erdgeschoss die einzelnen Funktionen als Kuben klar voneinander abgegrenzt sind, manifestiert sich in der türenlosen Offenheit des Obergeschosses ein so genannter „fließender" Grundriss. Das Abbrechen fast aller Trennwände hat dennoch nicht die räumlich unterschiedlichen Nutzungen aufgehoben. Ein markanter Kamin trennt als wandartiges Element den Wohnbereich von der offenen Küche mit linear angegliedertem Essbereich. Zum Lesen, Fernsehen oder Entspannen kann sich die Familie in den Fernsehraum, der durch ein paar Differenzstufen tiefer als die Wohnebene liegt, zurückziehen.

Geräucherte Eiche läuft wie ein Teppich über die mehrfach abgestufte Ebene des Obergeschosses und bindet die einzelnen Bereiche optisch zusammen.

Während die Straßenfassade relativ geschlossen ist, besteht die Gartenfassade im Wesentlichen aus Glasflächen.

Von der Straße aus betonen die breitgelagerte Aufstockung und das längsgestreckte Fensterband die Horizontale. Im Erdgeschoss wurde bis auf eine neue Diele mit einer breiten Eingangstür nur wenig umgebaut.

Eine annähernd 6 Meter breite Öffnung lassen die Schiebeflügel im Wohnraum zu.
Über Terrasse, Schwimmbecken, Rasen und Apfelplantagen schweift der Blick auf eine in der Ferne liegende Hügelkette.

In der sauberen Detaillierung des Dachpavillons ist die Handschrift eines Architekten ablesbar, der sich zur Moderne bekennt.

Ein filigranes Stahlgeländer und Lärchenholz bilden ein Aussichtsplateau, dessen Panorama für alle Mühen des Umbaus entschädigt.

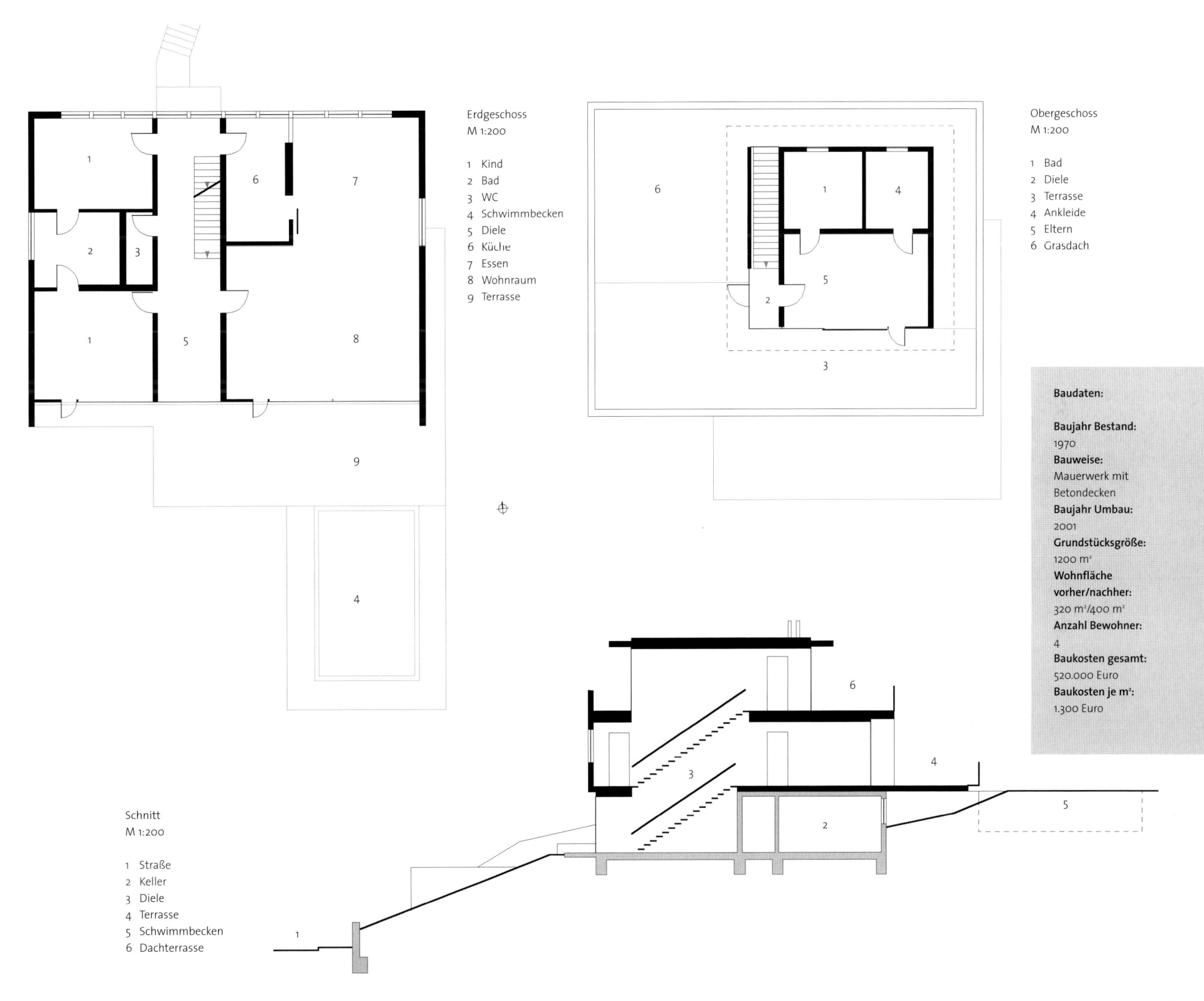

Erdgeschoss
M 1:200

1 Kind
2 Bad
3 WC
4 Schwimmbecken
5 Diele
6 Küche
7 Essen
8 Wohnraum
9 Terrasse

Obergeschoss
M 1:200

1 Bad
2 Diele
3 Terrasse
4 Ankleide
5 Eltern
6 Grasdach

Baudaten:

Baujahr Bestand:
1970
Bauweise:
Mauerwerk mit Betondecken
Baujahr Umbau:
2001
Grundstücksgröße:
1200 m²
Wohnfläche vorher/nachher:
320 m²/400 m²
Anzahl Bewohner:
4
Baukosten gesamt:
520.000 Euro
Baukosten je m²:
1.300 Euro

Schnitt
M 1:200

1 Straße
2 Keller
3 Diele
4 Terrasse
5 Schwimmbecken
6 Dachterrasse

Geschützte Höfe hinter Backsteinmauern

Umbau und Aufstockung eines Bungalows in Troisdorf
Architekten: Prof. Ulrich Coersmeier, Köln-Leipzig-Berlin

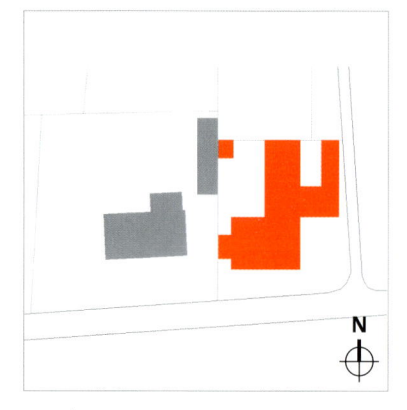

Lageplan

Zustand der Straßenfassade vor dem Umbau.

Projektübersicht:

Aufgabe:
Umbau des Bestandes, Ausbau der Garage, Teilaufstockung eines Bungalows bei Köln

Bedingungen:
Bewohnbarkeit musste erhalten bleiben, optimaler Schutz der Privatsphäre

Lösung:
Einfassung des Gebäudes durch Mauern, Pergolen zu einem Hofhaus

Sonstiges:
Auslagerung der Küche als verglaster Nebentrakt, zusätzliche Außentreppe zum Dachgeschoss

Bauweise und Materialien Aufstockung

Wände:
Hinterlüftete Klinkervormauerung

Decken:
Betondecken Bestand mit Trittschallschutz und Parkettbelag

Dächer:
Stahl-Holz-Mischkonstruktion mit Titanzinkblechdeckung

In Troisdorf, südlich von Köln, liegt das Grundstück der Bauherren dieses Projekts. Unmittelbar am Saum eines großen Waldparks, der zu ausgedehnten Spaziergängen einlädt, stand ein winkelförmiger Bungalow mit flach geneigten Dächern zur Renovierung an. Neben der überfälligen Sanierung hatten sich auch andere Wünsche eingestellt. Als die Kinder erwachsen waren und mit ihren Familien nur noch selten zu Besuch kamen, veränderten sich auch die Lebensgewohnheiten der Bauherren. Ein neuer großer Arbeitsraum sollte Platz für die beruflichen Aktivitäten unter einem angehobenen Dach bieten. Die ehemalige Garage, deren Zufahrt den ganzen vorderen Teil des Grundstücks blockierte, war in zurückgezogener Situation durch einen großzügigen Carport mit direktem Zugang zum Haus zu ersetzen. Die ehemalige Küche direkt neben dem Eingang war dunkel und schlecht platziert.

Nach ersten Gesprächen zwischen Architekt und Bauherren stellte sich heraus, dass die das Gebäude umgebenden Gartenflächen vage und unbestimmt und der Neugier von Nachbarn und Spaziergängern preisgegeben waren. Geschlossene, semitransparente und offene Strukturen fassen deshalb das Haus wie ein Gerüst ein und geben ihm eine neue Identität. Parallel zur langen Achse, die senkrecht auf die Straße zeigt, grenzt eine Außenmauer, die sich in eine Pergola auflöst, das Grundstück zum Waldrand hin ab. Während sich an der Eingangsfront durch nur wenige Architekturelemente wie Pfeiler und Träger ein Eingangshof ergibt, dient der hintere Teil mit einer luftigen Überdachung als Carport. Daneben trennt als neuer Zugewinn eine zweiseitig verglaste Küche einen kleinen, intimen Hof mit Wasserbecken ab.

Markantes Kennzeichen der neu gewonnenen Gestaltung ist ein Baustoff, der schon bei den alten Römern gängiges Baumaterial war: naturroter Ziegel. Das Material besitzt im rheinischen Raum eine lange Tradition, der

Die Lage direkt am Waldrand war der Grund, die Aufstockung des Straßenflügels oberhalb der Brüstung komplett zu verglasen.

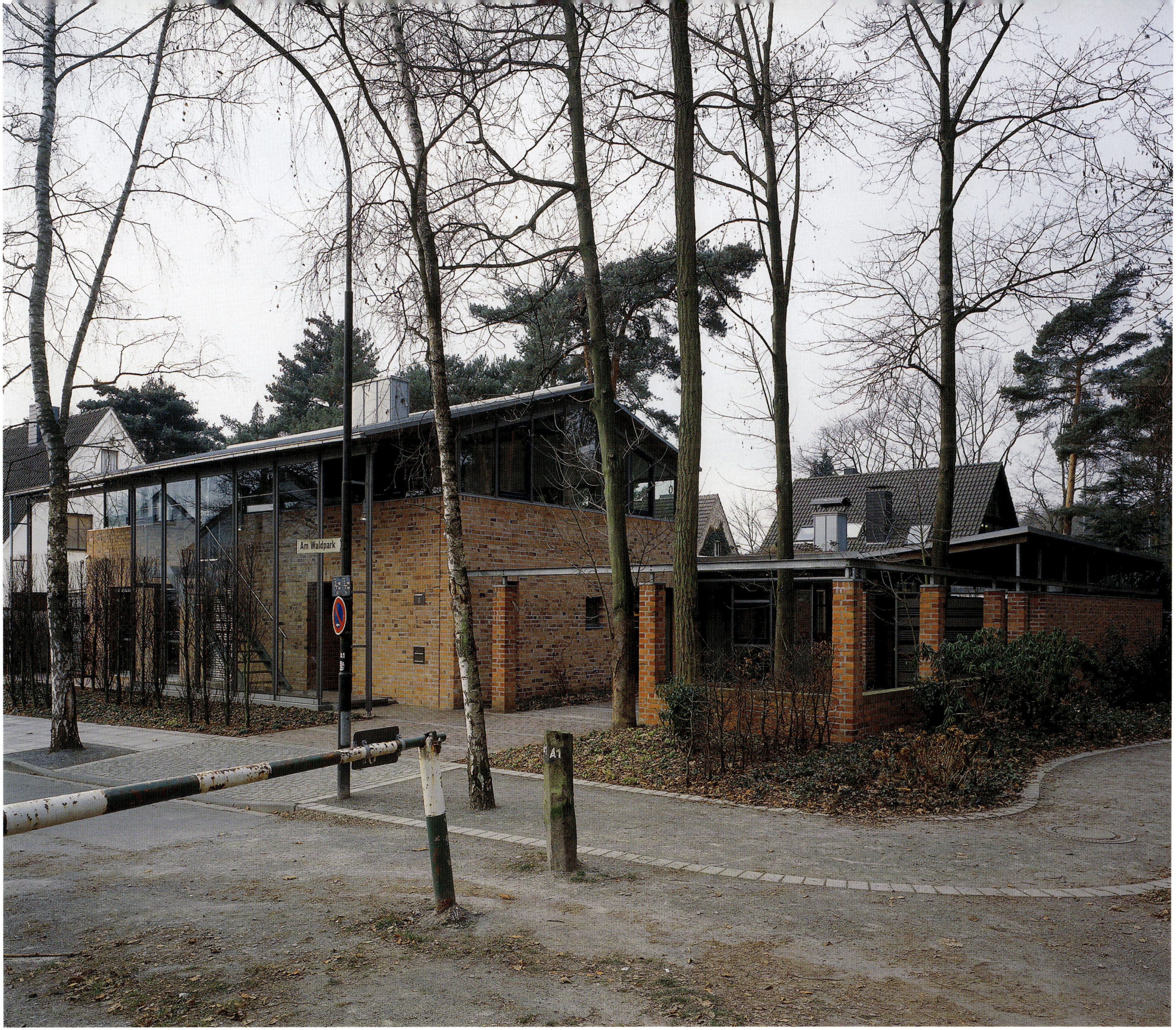
Am Waldpark

Geschützte Höfe hinter Backsteinmauern

Blick vom kleinen Innenhof mit Wasserbecken auf den Zwischentrakt mit der verglasten Küche.

sich neben Prof. Coersmeier auch andere Kölner Architekten wie Bienefeld oder Fink verpflichtet haben. Die ohnehin schwach gedämmten Außenwände des Altbaus wurden mit einer Vorsatzschale aus diesen naturroten Ziegeln bekleidet und die neue Aufstockung ebenfalls mit eingebunden. Über dem Backsteinkubus „schwebt" ein weit auskragendes Dach, das auf dünnen Stahlstützen aufliegt und zugleich einen teilweisen Glasvorbau beschützt. Unter der Krempe des dünnen Blechdachs wurde die Aufstockung allseits verglast. Der helle Arbeitsraum, der mit einer zweiläufigen Treppe mit dem Erdgeschoss verbunden ist, wird lediglich von Kuben, in denen sich Nebenräume befinden, unterbrochen. Analog zur Eingangsseite umgreifen den bestehenden Gartenhof zu den Nachbarn hin ebenfalls Ziegelwände. Eine Pergola in Fortsetzung des neuen Gästetrakts in der ehemaligen Garage bildet eine sonnige Sitznische.

Nur der straßenseitige Giebel wurde aufgestockt. Das lange Vordach zum Gartenhof mit der Wohnzimmerfront blieb erhalten.

Der massive Sockel aus vorgemauerten Klinkerziegeln bindet Alt und Neu zu einem Ganzen zusammen.

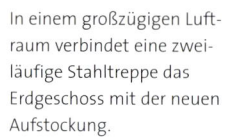

Auch die Eingangssituation wurde neu gestaltet. Glasstreifen stellen eine optische Zäsur zwischen geputzten Wänden und Decken dar.

In einem großzügigen Luftraum verbindet eine zweiläufige Stahltreppe das Erdgeschoss mit der neuen Aufstockung.

Wie von einer Beobachtungskanzel kann man beim Arbeiten den Blick in die nahen Baumkronen schweifen lassen.

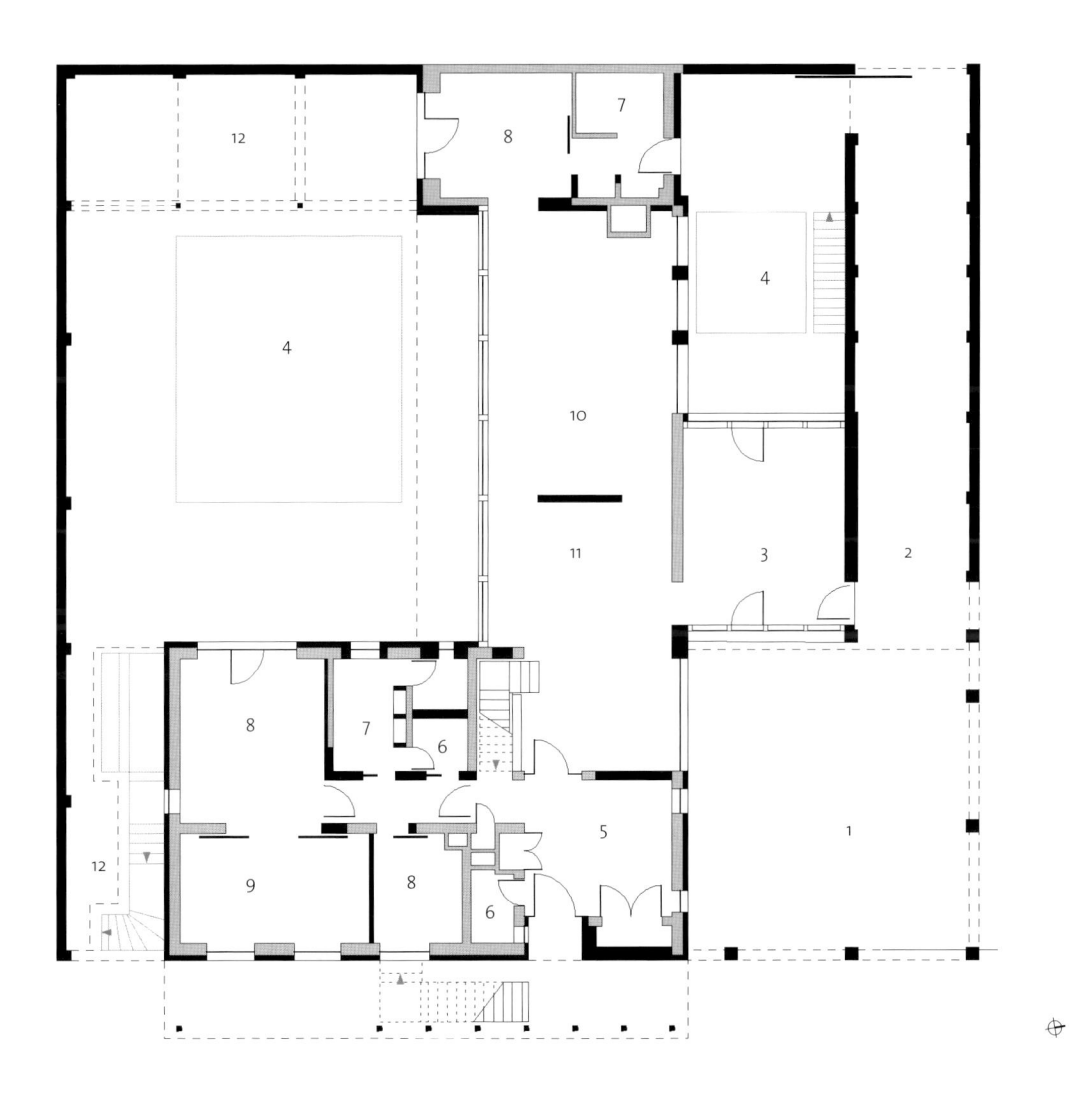

Baudaten:

Baujahr Bestand:
1972
Bauweise:
Mauerwerk mit Betondecken
Baujahr Umbau:
2001
Grundstücksgröße:
710 m²

Wohnfläche vorher/nachher:
138 m²/275 m²
Anzahl Bewohner:
2
Baukosten gesamt:
keine Angabe
Baukosten je m²:
keine Angabe

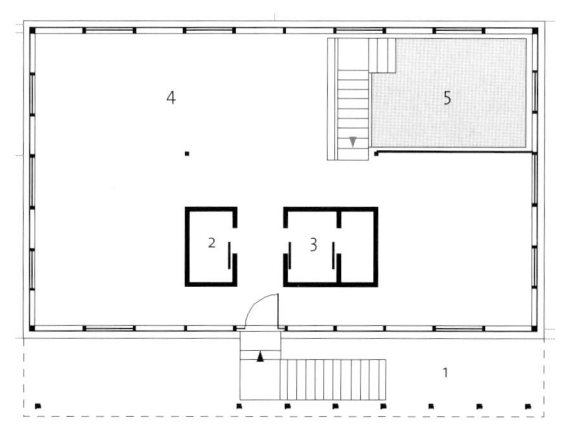

Erdgeschoss
M 1:200

1 Vorplatz
2 Carport
3 Küche
4 Hof
5 Diele
6 Toilette
7 Bad
8 Schlafen
9 Arbeiten
10 Wohnen
11 Essen
12 Pergola

Obergeschoss
M 1:200

1 Treppenvorbau
2 Abstellen
3 Toilette
4 Arbeiten
5 Luftraum

Neu geschaffene Wohnhalle

Aufstockung eines Wohnhauses in Rottach-Egern
Architekten: design associates, Stephan M. Lang, München

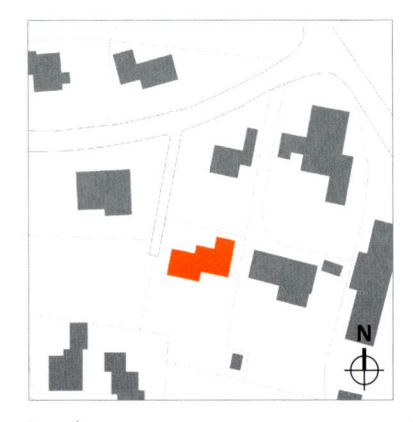

Lageplan

Projektübersicht:

◆ **Aufgabe:**
Aufstockung eines Wohnhauses in Rottach-Egern
Bedingungen:
Ausbau eines Nebengebäudes zu einem repräsentativen Wohnzimmer
◆ **Lösung:**
Abbruch des bestehendes Daches und Aufstockung als zweigeschos-sige Halle
Sonstiges:
Anpassung der Fassade an den Altbestand
◆ **Bauweise und Materialien**
Umbau
Wände:
Ziegelmauerwerk verputzt
Decken:
Beton verputzt und Parkettböden
Dächer:
Eichenholzdachstuhl mit Aufsparrendämmung und Ziegeldeckung

Das oberbayrische Voralpenland hatte es dem Bauherrn, der in der Filmproduktion tätig ist, angetan und er fand dort sein Wochenenddomizil. Um den beruflichen Verpflichtungen, die mit vielen Besprechungen verbunden sind, auch in angenehmer Atmosphäre nachzukommen, sollte ein eingeschossiger Anbau an ein breit gelagertes Haupthaus zu einem repräsentativen Empfangsraum erweitert werden, der zugleich als privater Wohnraum dient. Das Nebengebäude schließt im rechten Winkel unmittelbar an das Haupthaus an, wobei eine großzügige Glasfront als Wintergartenersatz eine Zäsur zwischen Alt und Neu markiert. Die äußere Gestalt des Anbaus mit weiß verputzten Ziegelwänden im Erdgeschoss und einer Holzverkleidung im Obergeschoss betont die Vorliebe des Bauherrn für die traditionelle Architektur des alpinen Raums.

Im Gegensatz zur einfachen äußeren Erscheinung artikuliert sich im Innenraum eine andere Gestaltungssprache. Ein bis zur Dachuntersicht offener Raum bildet das neue Zentrum des Hauses. Bis auf eine rote Wand, vor der auch die markante Kragstufentreppe ins Obergeschoss empor führt, wurden alle Putzflächen und die Untersicht zwischen den sichtbar belassenen Dachsparren weiß gekalkt. Die natürliche Ausleuchtung des Raums wird zusätzlich unterstützt von einem hellen Limestone-Boden und gebleichten Eicheneinlagen. Im Schwerpunkt des Luftraums hängt eine Lampe mit flächigen Reflexionsschuppen von Ingo Maurer, um die sich das Obergeschoss spiralenförmig organisiert. Gemauerte Ballustraden und Loggien begrenzen eine zweiseitig um den Luftraum geführte Galerie. Von hier wird auch das Dachgeschoss des Hautgebäudes neu erschlossen. Während das Erdgeschoss mehr den repräsentativen Part übernimmt, bilden die geschlossenen Wände von Schlafraum und Bad einen introvertierten Rückzugsbereich.

Die äußere Gestaltung ist der alpinen Bautradition verpflichtet.

Weitläufige Offenheit soll das neue Zentrum des Hauses den Besuchern vermitteln.

Blick von der Galerie in den hohen Luftraum. Für nicht ganz Schwindelfreie fungiert die rote Wand als Leitfaden beim Besteigen der Holztreppe ins Obergeschoss.

96 Neu geschaffene Wohnhalle

Mit Leder und Kuhfell wurde der ausziehbare Schrank im Schlafzimmer bespannt.

Antike Terracottafliesen, die früher als Gehwegplatten verwendet wurden, finden sich als exklusiver Wand- und Bodenbelag im Dampfbad und in der Dusche wieder.

Baudaten:

Baujahr Bestand:
1972
Bauweise:
Mauerwerk mit Betondecken
Baujahr Umbau:
2000
Grundstücksgröße:
1.200 m²
Wohnfläche vorher/nachher:
85 m²/160 m²
Anzahl Bewohner:
1
Baukosten gesamt:
155.000 Euro
Baukosten je m²:
980 Euro

Erdgeschoss
M 1:200

1 Wohnhalle
2 Bad
3 Abstellraum
4 Essen/Küche
5 Arbeitsraum
6 Diele

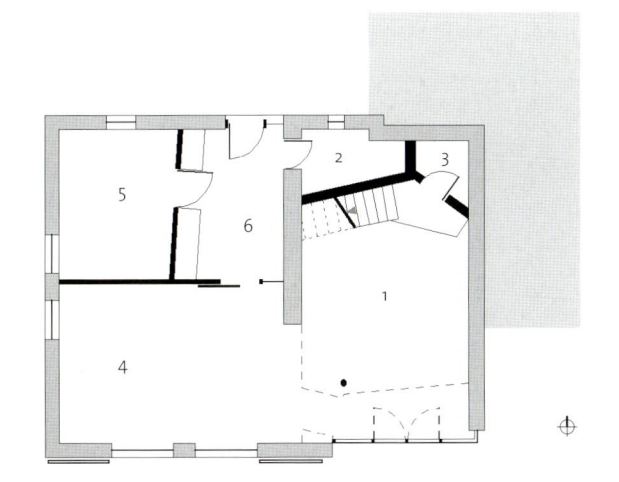

Obergeschoss
M 1:200

1 Luftraum
2 Galerie
3 Freisitz
4 Schlafraum
5 Bad
6 Toilette
7 Dampfbad

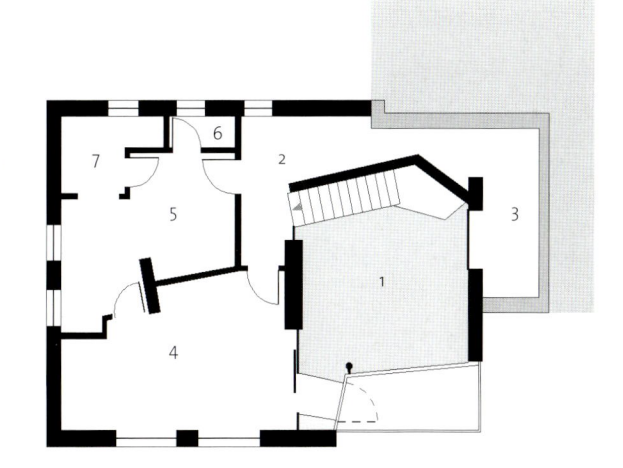

Großzügiges Atelier über den Dächern

Aufstockung einer Doppelhaushälfte in Köln-Hürth
Architektin: Jutta Klare, Köln

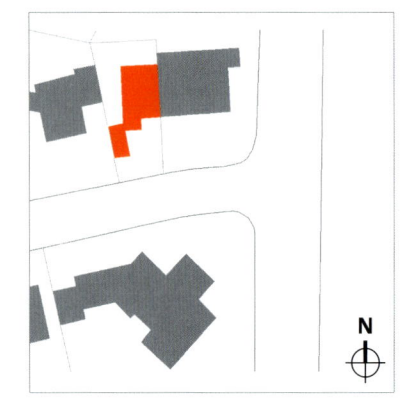

Lageplan

Projektübersicht:

⌂ Aufgabe:
Aufstockung einer Doppelhaushälfte in Köln-Hürth
Bedingungen:
Kleines Grundstück, kurze Bauzeit
⌂ Lösung:
Vorgefertigte Holzwände in Niedrigenergiebauweise
Sonstiges:
EG blieb bis auf wenige Eingriffe unangetastet
⌂ Bauweise und Materialien Aufstockung
Wände:
Holzständerwerk mit äußerem Wärmedämmverbundsystem, innen Trockenbau
Decken:
Bestehende Betondecke mit Trittschalldämmung
Dächer:
Pultdach mit Holzsparren und Zinkblechdeckung

Was tun mit einem Grundstück, dessen Abmessungen gerade etwas größer sind als das Haus, das darauf steht, wenn sich zugleich ein großes Atelier im Haus ganz oben auf der Wunschliste der Bauherren befindet? Das Haus zu verkaufen und ein größeres zu erwerben, hätte einen Ortswechsel bedeutet. Da das niedrige, nicht einmal 80 m² große Häuschen jedoch günstig zum Arbeitsplatz der Bauherren lag und ein Anbau auf dem Grundstück nicht möglich war, kam nur eine Aufstockung in Frage. Den baurechtlichen Festsetzungen zu Folge hätte das Reihenhaus, obwohl am Ende einer Reihe stehend, nicht aufgestockt werden dürfen – wäre nicht just gegenüber ein dreigeschossiger Flachdachbau errichtet worden. Unter Berufung auf eine Gleichbehandlung und die städtebauliche Torsituation wurde dem Bauantrag der Architektin schließlich stattgegeben. Manchmal macht sich Beharrlichkeit bezahlt.

Um dem Wunsch der Bauherren nach einem schlichten, kühlen Bauwerk ohne modischen Firlefanz entgegenzukommen, wurde ein einfacher Baukörper mit Pultdach favorisiert, an den lediglich ein Vorbau, der die gewendelte Treppe umfasst, angegliedert wurde. Von der 9,50 m hohen Pultdachtraufe zur bauchigen Form des fensterlosen Anbaus und schließlich zum bestehenden Vordach, unter dem sich der unveränderte Eingang verbirgt, schreitet der Maßstabssprung von oben nach unten kontinuierlich fort. Da das Haus während der gesamten Bauzeit bewohnbar bleiben musste, wurde der Aufsatz in Holzständerbauweise geplant und ausgeführt. Während an der einen Seite das alte niedrige Satteldach und die Giebelwand abgerissen wurden, fuhren bereits die ersten Sattelschlepper mit den vorgefertigten Holzwänden und Dachbalken vor, die dann sukzessive mithilfe eines Autokrans auf

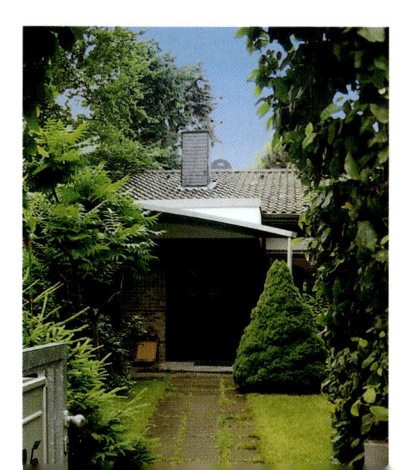

Kaum erkennbar duckte sich das ehemalige Haus unter die Bäume.

Das große Atelierfenster ist die Visitenkarte des Hauses.

Steil ragt das Pultdach über das flache Satteldach des Nachbarn hinaus.

der Betondecke aufgestellt wurden. Abends war die Bretterschalung auf dem Pultdach fertig abgedichtet, sodass ein möglicher Regenguss keinen Schaden hätte anrichten können. Die Geschwindigkeit, bei der man eine meist fragwürdige Qualität eines Fertighauses vermuten könnte, sagt nichts über die räumliche Aufwertung aus. Im Gegenteil: hinter dem übergroßen Aluminiumfenster mit Schiebeflügel liegt ein lichtdurchflutetes, beinahe 5,50 m hohes Atelier. Im niedrigeren Teil des Pultes gliedern sich ein zusätzliches Bad und ein kleines Gästezimmer an. Ein Balkon auf der Westseite lässt die Bauherren die vormalige Enge vergessen.

Durch das große Atelierfenster ist die Rotunde des Treppenkörpers erkennbar. Über das Türfenster im Hintergrund betritt man den kleinen Westbalkon.

Die Höhe des Ateliers mit über 5 Metern lässt die kleinen Zimmer des Bestandes vergessen.

Baudaten:

Baujahr Bestand:
1973
Bauweise:
Ziegelmauerwerk, Stahlbetondecken, flach geneigtes Satteldach
Baujahr Umbau:
1999/2000
Grundstücksgröße:
315 m²
Wohnfläche vorher/nachher:
75 m²/150 m²
Anzahl Bewohner:
2
Baukosten gesamt:
132.000 Euro
Baukosten je m²:
1.760 Euro

Erdgeschoss
M 1:200

1 Garage
2 Diele
3 Toilette
4 Küche
5 Wohnen
6 Eltern
7 Bad
8 Kind

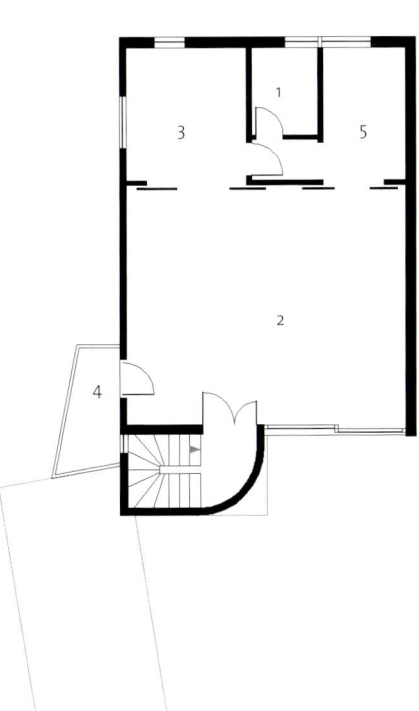

Obergeschoss
M 1:200

1 Bad
2 Atelier
3 Gäste
4 Balkon
5 Teeküche

Brückenschlag

Aufstockung eines Bungalows in Hamburg
Architekten: Spengler + Wiescholek, Hamburg

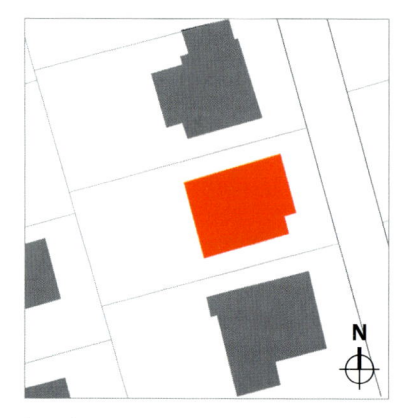

Lageplan

Projektübersicht:

Aufgabe:
Aufstockung eines Siedlungshauses in Hamburg
Bedingungen:
Keine Auflast auf Dach des Bestandes, kurze Bauzeit
Lösung:
Vorgefertigter Stahlbau als Brückenbauwerk
Sonstiges:
EG blieb bis auf eine neue Diele und den neuen Treppenraum unangetastet
Bauweise und Materialien Aufstockung
Wände:
Sichtbares Stahlfachwerk mit Ausfachungen; innen Trockenbau, außen Dämmung mit hinterlüfteter Holzschalung
Decken:
Stahlträgerdecke mit Holzausfachung
Dächer:
Flachdach mit dreilagiger Bitumenabdichtung

Vorfertigung im Wohnhausbau wird hauptsächlich dann angewendet, wenn es darum geht Zeit zu sparen oder schwierige Einbauverhältnisse zu systematisieren. Bei dem eingeschossigen Flachdachbau in einem Hamburger Vorort waren es mehrere Gründe, die für eine solche Lösung sprachen. Zum Ersten ließen die baulichen Festlegungen des kleinen Grundstücks einen ebenerdigen Anbau an den Bungalow nicht zu. Der Wunsch neue Räume zu schaffen bedeutete also, in die Vertikale zu gehen. Zum Zweiten konnten die schlanken Wände aus Kalksandstein und deren gering bemessene Fundamente das zusätzliche Gewicht eines weiteren Geschosses nicht aufnehmen. Zum Dritten sollte das Erdgeschoss während der ganzen Bauzeit bewohnbar bleiben.

Die Architekten lösten das Problem, indem sie den Anbau frei schwebend wie einen Tisch auf vier Stützen über das komplette Gebäude spannten. Dadurch blieb das statische System einerseits denkbar einfach und andererseits konstruktiv bestechend. Die noch nicht schadhafte Deckung des alten Flachdachs konnte erhalten werden. Lediglich der Durchstoßpunkt der einläufigen Treppe musste in die vorhandene Abdichtung einbezogen werden. Alle sonstigen Arbeiten an der Ausfachung des „Brückenbauwerks" blieben autark und konnten ohne Eingriffe in den Bestand durchgeführt werden.

Neben der schnellen Abwicklung überzeugt auch die architektonische Prägnanz der Detaillierung. Das feuerverzinkte Stahlskelett der Decken und Wände blieb im Innenraum sichtbar, sodass die äußere Hülle ohne schwierig zu meisternde Kältebrücken durchgehend davor verläuft. Längsseits liegt auf einer Auskragung der Bodentraversen eine leichte Holzterrasse, die von einer opaken Glasbrüstung gefasst wird. Die Raumaufteilung erfolgte mit leichten Trockenbauwänden. Um größtmögliche Freiheit für die beiden Bewohner der getrennten Ebenen zu gewährleisten, sind diese durch einen jeweils eigenen Eingang zugänglich. Die Ebenen könnten jedoch problemlos wieder zu einer gemeinsamen Nutzungseinheit zusammengefügt werden.

Modell der Aufstockung.

In der Straßenansicht dominiert die rote Holzverkleidung der Aufstockung. Sinnvollerweise ist auch deren separate Eingangstür durch ein kräftiges Rot gekennzeichnet.

Durchgängig sichtbar im Innenraum bleibt die verzinkte Stahlkonstruktion des Tragwerks.

Die räumliche Nähe zu den Nachbarn wird im Durchblick zur Gartenseite erkennbar.

Das Rot der Außenverkleidung und das Grau der Stützen bilden das Rückgrat des Farbkonzepts.

Schnitt
M 1:200

1 Flur
2 Schlafen
3 Wohnen
4 Terrasse
5 Schrankraum

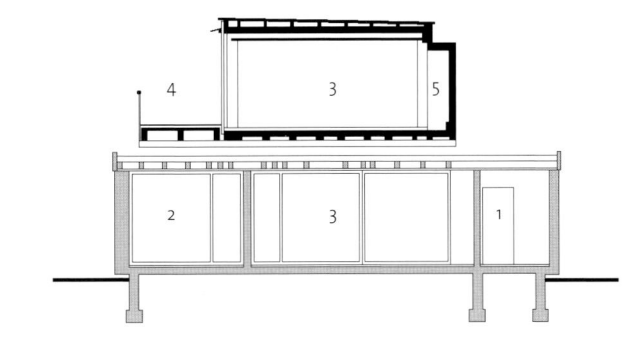

Obergeschoss
M 1:200

1 Diele
2 Küche
3 Bad
4 Flur
5 Schlafen
6 Wohnen
7 Ankleide
8 Essen
9 Terrasse

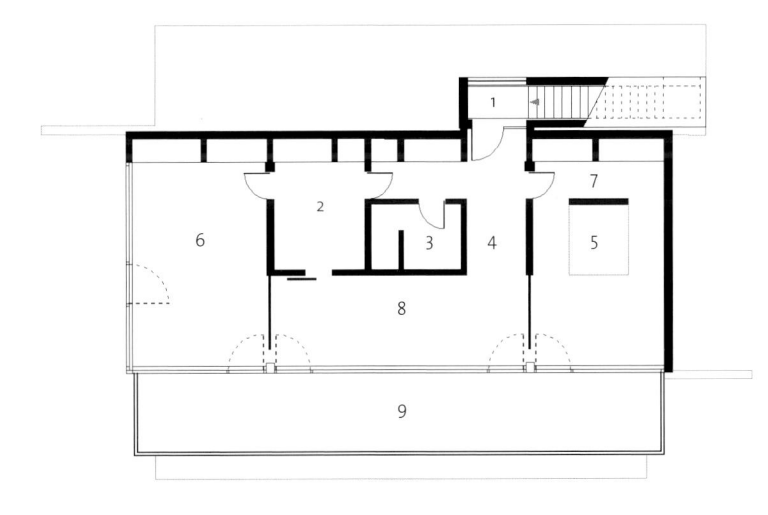

Erdgeschoss
M 1:200

1 Diele
2 Küche
3 Bad
4 Flur
5 Schlafen
6 Wohnen
7 Ankleide

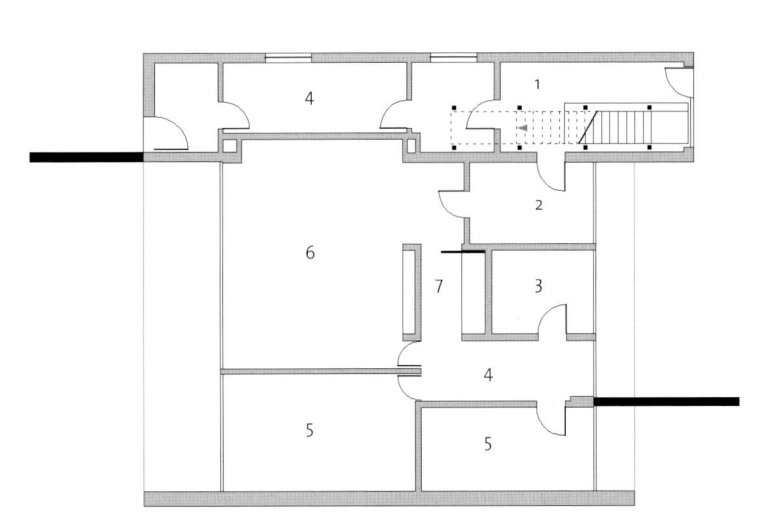

Baudaten:

Baujahr Bestand:
1974
Bauweise:
Kalksandstein-Mauerwerk mit
unterlüftetem Flachdach
Baujahr Umbau:
1999
Grundstücksgröße:
670 m²
Wohnfläche vorher/nachher:
114 m²/185 m²
Anzahl Bewohner:
2
Baukosten gesamt:
keine Angabe
Baukosten je m²:
keine Angabe

Mediterraner Kubus

Umbau eines Wohnhauses in Hamburg
Architekten: Stoeppler + Stoeppler, Hamburg

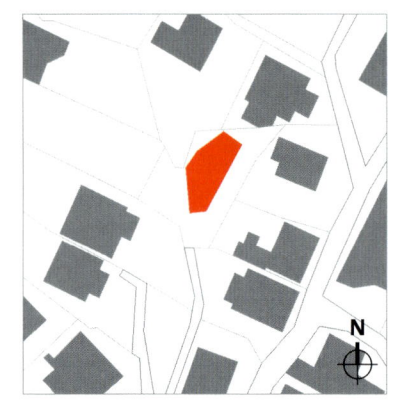

Lageplan

Blick auf die Südterrasse vor dem Umbau.

Projektübersicht:

🔸 **Aufgabe:**
Umbau eines Wohnhauses in Hamburg-Blankenese
Bedingungen:
Haustechnik, Terrasse und Wintergarten sanierungsbedürftig, enge Raumzuschnitte
🔸 **Lösung:**
Komplette Modernisierung, Fassaden und Haustechnik mit Wärmepass in Niedrigenergiebauweise
Sonstiges:
Abbau des Wintergartens, Einbau von doppelflügeligen Türfenstern
🔸 **Bauweise und Materialien Umbau**
Wände:
Kalksandstein mit zusätzlichem Wärmedämmverbundsystem
Decken:
Betondecken verputzt
Dächer:
Holzbalkendecke mit zusätzlicher Stahlabfangung, sanierte Flachdachanschlüsse

Es gibt Häuser auf begehrten Grundstücken, die sich nach der ordnenden Hand eines engagierten Architekten förmlich sehnen. Auf der Suche nach einer neuen Bleibe entdeckten die Bauherren das etwas heruntergekommene Haus, das sich in einer der besten Lagen Hamburgs, am Steilhang der Elbe im Stadtteil Blankenese, befindet. Verschachtelte Räume, ein unbedarftes Wintergartenelement, das die Terrasse einengte, und unzureichende Fensteröffnungen ließen das Haus kleiner erscheinen, als es tatsächlich ist. Um sein Urteil befragt, riet der befreundete Architekt dennoch zum Kauf, da er die verborgenen Qualitäten des Gebäudes einzuschätzen wusste.

Heute zeigt sich der Bau in vollkommen anderem Licht. Neben dem Ausbau und Austausch der kompletten Haustechnik wurde das Haus größtenteils entkernt und von allen Vorsprüngen und Ausbuchtungen befreit. Auch im Inneren weht ein frischer Wind. Da die Innenwände im Erdgeschoss kaum rechte Winkel aufweisen, wirken jenen Ungereimtheiten Vormauerungen und Einbaumöbel entgegen. Neben dem Zugang mit der anschließenden Garderobe wurden hier die beiden Schlafzimmer und das Badezimmer untergebracht. Geschliffene Terrakottafliesen vermitteln eine erdige Wärme, die selbst in der bodengleichen Dusche die bloßen Füße angenehm begleitet.

Über eine gewendelte Stahltreppe an der hinteren Wand, gleichzeitig auch Stützmauer des ansteigenden Hangs, gelangt man ins Obergeschoss. Hier wurden alle Trennwände entfernt, um einen loftartigen Wohncharakter zu erreichen, in dem Lesen, Ruhen, Essen und Kochen nebeneinander existieren können. Um die attraktive Aussicht auf den Schiffsbetrieb der Elbe überall im Raum genießen zu können, wurden die störenden Brüstungen der Fenster abgebrochen. Außerdem unterstützen die bis zum Boden reichenden, zweiflügeligen Türfenster aus Zedernholz die Helligkeit des Raums, die zusätzlich von den hellen Kirschholzböden reflektiert wird. Anstelle der „gebastelten" Wintergartenverglasung öffnet sich der Raum mit großen Glasflächen, wovon ein Teil als Schiebetür ausgebildet ist, zur sanierten und neu gestalteten Südterrasse.

Klar und deutlich hebt sich die strenge Architektur von Ihrem heterogenen Umfeld ab. Auf den ersten Blick könnte man das Haus auch weit südlicher vermuten.

Der Südbalkon wurde saniert und mit ähnlich sparsamer Sprache wie das übrige Haus gestaltet.

Vor dem offenen Kamin ergibt sich wie selbstverständlich die Wohnzimmernische.

Blick durch den großen Raum des Obergeschosses. Die Offenheit des Grundrisses tritt hier deutlich zu Tage.

108 Mediterraner Kubus

Bis auf den mittigen Küchenblock ordnet sich die Kücheneinrichtung dem Raum unter.

Baudaten:

Baujahr Bestand:
1978
Bauweise:
Zweischaliges Kalksandstein-Mauerwerk mit Betondecken
Baujahr Umbau:
2000–2002
Grundstücksgröße:
ca. 450 m²
Wohnfläche vorher/nachher:
141 m²/145 m²
Anzahl Bewohner:
3
Baukosten gesamt:
200.000 Euro
Baukosten je m²:
1.370 Euro

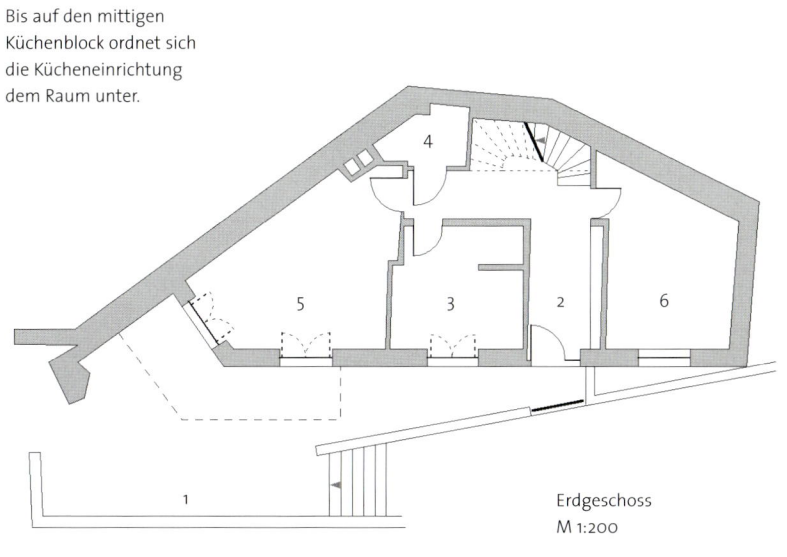

Erdgeschoss
M 1:200

1 Terrasse
2 Diele
3 Bad
4 Heizraum
5 Kinderzimmer
6 Eltern

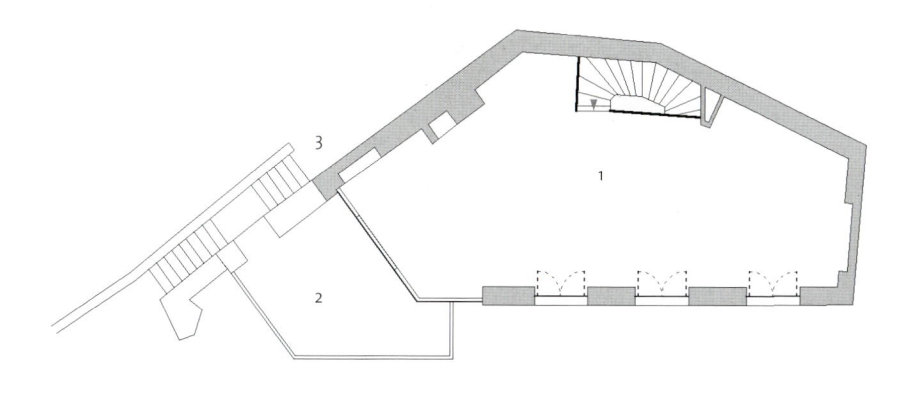

Obergeschoss
M 1:200

1 Wohnraum
2 Dachterrasse
3 Treppenweg

Private Wellness-Oase

Anbau an ein Wohnhaus in Oberlunkhofen/Schweiz
Architekten: Hemmi + Fayet, Zürich/Schweiz

Lageplan

Projektübersicht:

🏠 **Aufgabe:**
Anbau an ein Wohnhaus in Oberlunkhofen/Schweiz
Bedingungen:
Beengter Grundriss, kleines Badezimmer
🏠 **Lösung:**
Verlängerung des Hauses durch neuen Anbau an der Südseite
Sonstiges:
Erweiterung der Terrasse
🏠 **Bauweise und Materialien Umbau**
Wände:
Mauerwerk verputzt, teilweise Beton
Decken:
Beton mit Schieferbodenbelag
Dächer:
Nach innen gerichtetes Pultdach mit Zinkblech

In Wohngebäuden ab 1960 erkennt man am ehesten an der Gestaltung von Sanitärräumen die modischen Tendenzen zum Zeitpunkt ihrer Entstehung. Im Vergleich zu Gebäuden früherer Bauepochen sind die Grundrissflächen zwar relativ angewachsen, dafür wurden Fliesen, Armaturen und Sanitärgegenstände nach dem jeweiligen Trend ausgewählt, waren aber technisch eher minderwertig. Das Zeitalter der Serienfertigung von Billigprodukten hat aus verständlichen Gründen gerade vor den relativ teuren Bädern nicht Halt gemacht. Dabei verringern aber gerade die optisch nach dem letzten Schrei „aufgemotzten" Artikel als besonders dekorative Elemente die Langlebigkeit mehr als dass sie sie fördern, da sie ebenso schnell wie Produkte in der Textilmode altern. Architekten gestalten meist mit einer dezidiert klareren Sprache. Entgegen landläufiger Meinung muss die Reduktion aufs Wesentliche noch lange nicht mit spartanischer oder klösterlicher Bescheidenheit einhergehen – so bei diesem Beispiel.

Beim Umbau eines Hauses im Reußtal in der Schweiz bestand der wesentliche Zugewinn in einem Anbau, dessen Obergeschoss ein großes Bad aufnahm. Ergänzend zum Privattrakt mit Schlafzimmer und Ankleide bietet der Neubau an der Südfront Platz für eine frei stehende Badewanne, Nischen für Toilette und Dusche sowie eine kleine Sauna. In Verlängerung des lang gestreckten Ankleideraums erhellt ein Dachoberlicht die Raumtiefe, da die Südwand zum Nachbargrundstück und die Ostwand zum Hang hin geschlossen blieben. Dafür öffnet sich die Westfassade über die ganze Breite und Höhe mit einer überhohen Verglasung, die sich bis unter die Decke des ansteigenden Pultdachs erstreckt. Eine zweiflügige Tür führt auf einen neuen Balkon, der sich an die bestehende Terrasse anschließt. Weiß verputzte Wände, norwegischer anthrazitfarbener Schieferboden und wenige Flächen mit hellem Glasmosaik betonen den wohnlichen Charakter mehr als es für übliche Sanitärausstattungen gemäß ist.

Situation vor dem Umbau.

Blick auf die Südwestecke des Hauses mit dem Anbau rechts im Bild.

Das Panorama des Reuß-
tals erstreckt sich vor den
Augen des Badenden.

Aus dem Dunkel der An-
kleide führt weiß geöltes
Parkett in das vom
Oberlicht taghell ausge-
leuchtete Badezimmer.

Private Wellness-Oase

Blick in den Durchgang der Ankleide mit den nischenartigen Vertiefungen für Toilette und bodenbündige Dusche.

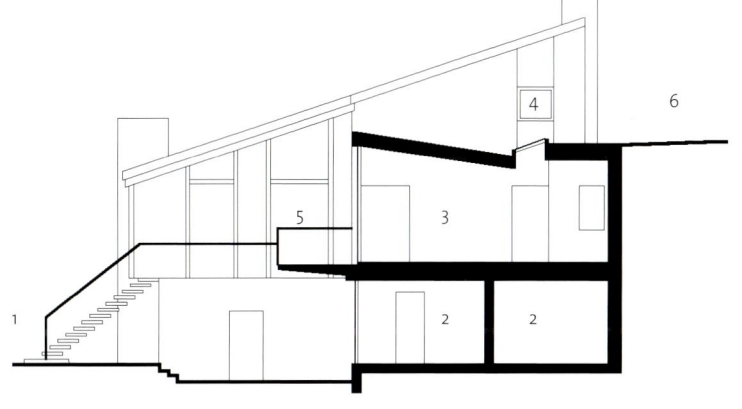

Schnitt
M 1:200

1. Garten
2. Keller
3. Bad
4. Oberlicht
5. Dachterrasse
6. Straßenniveau

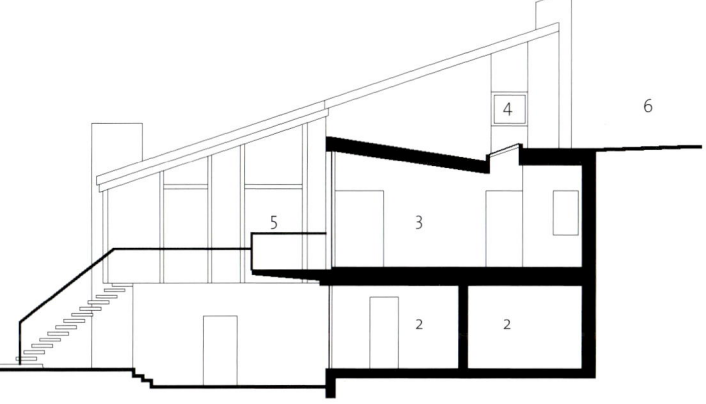

Baudaten:

Baujahr Bestand:
1979
Bauweise:
Mauerwerk mit Betondecken
Baujahr Umbau:
2000
Grundstücksgröße:
642 m²
Wohnfläche vorher/nachher:
160 m²/195 m²
Anzahl Bewohner:
2
Baukosten gesamt:
453.000 Euro
Baukosten je m²:
2.320 Euro

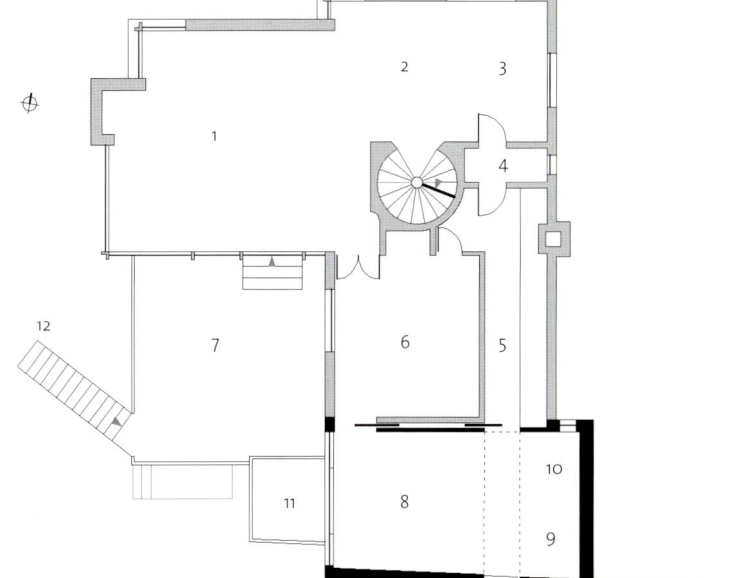

Erdgeschoss
M 1:200

1. Wohnraum
2. Essen
3. Küche
4. Toilette
5. Ankleide
6. Eltern
7. Terrasse
8. Bad
9. Sauna
10. Dusche
11. Terrasse neu
12. Treppe neu

Vom Stereotypen zum Besonderen

Umbau eines Wohnhauses in Gelting/Oberbayern
Architekten: Der Hausladen der Architekten Klingholz, Fürst und Niedermeier, München

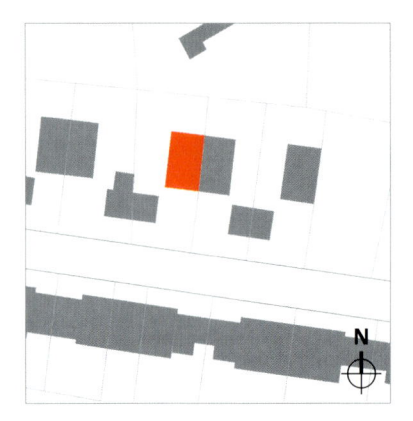

Lageplan

Blick auf die Doppelhaushälfte vor dem Umbau.

Projektübersicht:

🔸 **Aufgabe:**
Umbau eines Wohnhauses in Gelting/Oberbayern
Bedingungen:
Haustechnik und Fenster modernisierungsbedürftig, Grundriss verschachtelt
🔸 **Lösung:**
Komplette Modernisierung, Deckendurchbruch im Wohnbereich
Sonstiges:
Fassade neu gedämmt, Fenster versetzt
🔸 **Bauweise und Materialien Umbau**
Wände:
Mauerwerk mit Wärmedämmverbundsystem
Decken:
Stahlbeton Bestand mit neuem Parkettbelag
Dächer:
Betondachziegel Bestand

Die unscheinbare Doppelhaushälfte im oberbayrischen Voralpenland könnte ebenso gut in Kassel oder in Bremen stehen. Wie viele andere Häuser so genannter Bauträger-Modelle zeichnet es sich durch die stereotype Ausformung der ewig gleichen Attribute wie Dachbelag, Eingangstür, Fensterformate und Balkondetails aus, die denen seiner Nachbarn ziemlich ähneln. Es liegt am stoisch Seriellen, dass unsere Vorort-Architektur ästhetisch so unbefriedigend gestaltet ist. Der Wunsch der Bauherrin, einer jungen Mutter mit Kind, bestand deshalb darin, das Haus nicht nur innen sondern auch außen zu modernisieren. Die vormals horizontale Gliederung des „Jodlerstils" mit schwarz lasierten Verbretterungen sollte abgebrochen werden und die Fassade neue Fensteröffnungen erhalten, die sich aus dem Innenleben des Hauses entwickeln sollten. Dennoch war getreu nach dem Motto des Wiener Architekten der Moderne, Adolf Loos, zu verfahren: „Das Haus sei außen verschwiegen, im Inneren offenbare es seinen ganzen Reichtum." Die Haustechnik wurde, soweit möglich, belassen und lediglich die notwendigsten Anpassungen durchgeführt. Gezielte, auf das geringe Budget der Bauherrin abgestimmte Abbruchmaßnahmen an Wänden und Decken ließen die Struktur des Grundrisses in weiten Teilen unangetastet. Dagegen bringt ein Deckendurchbruch im Koch- und Essbereich des Erdgeschosses eine vertikale Verbindung zu einer Galerie im Obergeschoss, die den ehemals düsteren Wohncharakter entscheidend verändert. Dementsprechend sorgt ein ebenso vertikales Fensterband für eine Aufhellung des Zentrums, während ein horizontales, schmales Fenster über der Küchenzeile einen gezielten Ausblick in den Garten bietet.

Unterschiedliche Nutzungen bedingen andere Belichtungsparameter. Das gilt erst recht für ein neues Eckfenster, das den Platz am Arbeitstisch in der Diele des Obergeschosses mit einem Panoramablick aufwertet. Das Thema Licht klingt noch einmal in winzigen Fensteröffnungen an, die wie Beleuchtungs-Spots in den Schlafraum oder in den Treppenraum gerichtet sind. Dort findet sich die neue Vertikale des Grundrisskonzepts wieder. Das Treppenauge wird von einem durchgehenden Kunst-Bauwerk eingenommen: Industrie-Gussglas umfasst den baulichen Hohlraum, der mittels Leuchten zum Lichtraum umdefiniert wird.

Blick in den Durchgang der Ankleide mit den nischenartigen Vertiefungen für Toilette und bodenbündige Dusche.

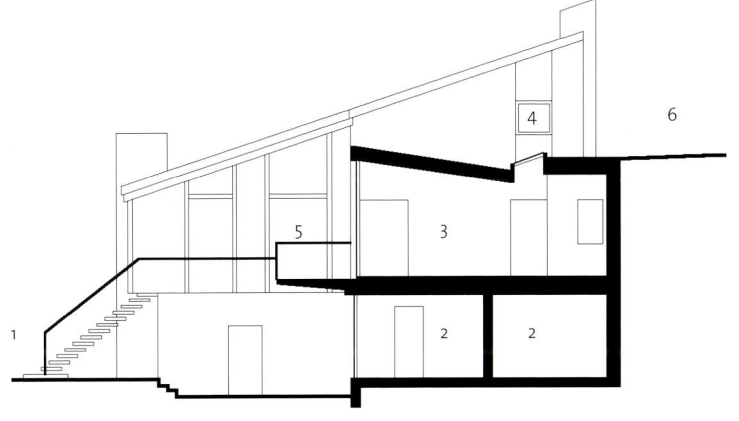

Schnitt
M 1:200

1 Garten
2 Keller
3 Bad
4 Oberlicht
5 Dachterrasse
6 Straßenniveau

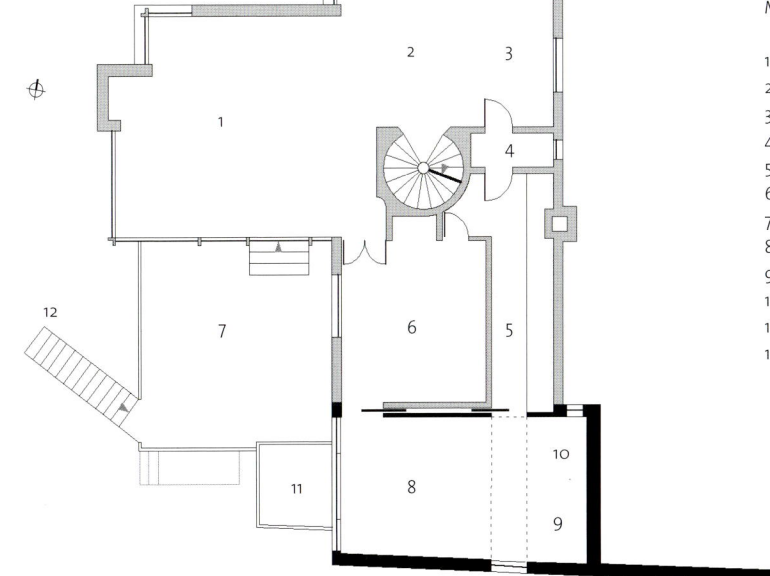

Erdgeschoss
M 1:200

1 Wohnraum
2 Essen
3 Küche
4 Toilette
5 Ankleide
6 Eltern
7 Terrasse
8 Bad
9 Sauna
10 Dusche
11 Terrasse neu
12 Treppe neu

Baudaten:

Baujahr Bestand:
1979
Bauweise:
Mauerwerk mit Betondecken
Baujahr Umbau:
2000
Grundstücksgröße:
642 m²
Wohnfläche vorher/nachher:
160 m²/195 m²
Anzahl Bewohner:
2
Baukosten gesamt:
453.000 Euro
Baukosten je m²:
2.320 Euro

Vom Stereotypen zum Besonderen

Umbau eines Wohnhauses in Gelting/Oberbayern
Architekten: Der Hausladen der Architekten Klingholz, Fürst und Niedermeier, München

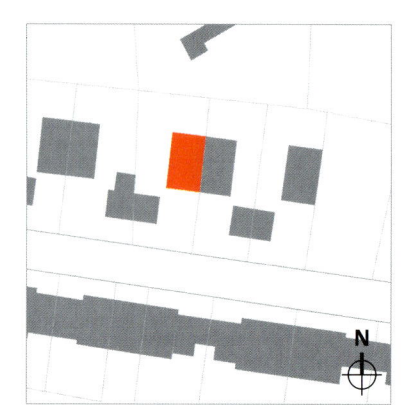

Lageplan

Blick auf die Doppelhaushälfte vor dem Umbau.

Projektübersicht:

🔸 Aufgabe:
Umbau eines Wohnhauses in Gelting/Oberbayern
Bedingungen:
Haustechnik und Fenster modernisierungsbedürftig, Grundriss verschachtelt
🔸 Lösung:
Komplette Modernisierung, Deckendurchbruch im Wohnbereich
Sonstiges:
Fassade neu gedämmt, Fenster versetzt
🔸 Bauweise und Materialien Umbau
Wände:
Mauerwerk mit Wärmedämmverbundsystem
Decken:
Stahlbeton Bestand mit neuem Parkettbelag
Dächer:
Betondachziegel Bestand

Die unscheinbare Doppelhaushälfte im oberbayrischen Voralpenland könnte ebenso gut in Kassel oder in Bremen stehen. Wie viele andere Häuser so genannter Bauträger-Modelle zeichnet es sich durch die stereotype Ausformung der ewig gleichen Attribute wie Dachbelag, Eingangstür, Fensterformate und Balkondetails aus, die denen seiner Nachbarn ziemlich ähneln. Es liegt am stoisch Seriellen, dass unsere Vorort-Architektur ästhetisch so unbefriedigend gestaltet ist. Der Wunsch der Bauherrin, einer jungen Mutter mit Kind, bestand deshalb darin, das Haus nicht nur innen sondern auch außen zu modernisieren. Die vormals horizontale Gliederung des „Jodlerstils" mit schwarz lasierten Verbretterungen sollte abgebrochen werden und die Fassade neue Fensteröffnungen erhalten, die sich aus dem Innenleben des Hauses entwickeln sollten. Dennoch war getreu nach dem Motto des Wiener Architekten der Moderne, Adolf Loos, zu verfahren: „Das Haus sei außen verschwiegen, im Inneren offenbare es seinen ganzen Reichtum." Die Haustechnik wurde, soweit möglich, belassen und lediglich die notwendigsten Anpassungen durchgeführt. Gezielte, auf das geringe Budget der Bauherrin abgestimmte Abbruchmaßnahmen an Wänden und Decken ließen die Struktur des Grundrisses in weiten Teilen unangetastet. Dagegen bringt ein Deckendurchbruch im Koch- und Essbereich des Erdgeschosses eine vertikale Verbindung zu einer Galerie im Obergeschoss, die den ehemals düsteren Wohncharakter entscheidend verändert. Dementsprechend sorgt ein ebenso vertikales Fensterband für eine Aufhellung des Zentrums, während ein horizontales, schmales Fenster über der Küchenzeile einen gezielten Ausblick in den Garten bietet.

Unterschiedliche Nutzungen bedingen andere Belichtungsparameter. Das gilt erst recht für ein neues Eckfenster, das den Platz am Arbeitstisch in der Diele des Obergeschosses mit einem Panoramablick aufwertet. Das Thema Licht klingt noch einmal in winzigen Fensteröffnungen an, die wie Beleuchtungs-Spots in den Schlafraum oder in den Treppenraum gerichtet sind. Dort findet sich die neue Vertikale des Grundrisskonzepts wieder. Das Treppenauge wird von einem durchgehenden Kunst-Bauwerk eingenommen: Industrie-Gussglas umfasst den baulichen Hohlraum, der mittels Leuchten zum Lichtraum umdefiniert wird.

Neben einem neu aufgebrachten Wärmedämmverbundsystem wurden die Wandöffnungen geändert und mit neuen putzbündigen Fenstern ausgestaltet.

Die Fenster spiegeln die innere Nutzung wider. Dort, wo punktförmiges Licht und wenig Einblick gewünscht wird, wurden gezielt kleine Fenster platziert. Große Öffnungen weisen dagegen auf extrovertierte Räume hin.

Blick auf die Küchenzeile und das vertikale Fensterband, das den neu geschaffenen Luftraum zur Galerie des Obergeschosses ins Licht rückt.

Industrie-Gussglas umhüllt das Treppenauge und dient gleichzeitig als Leuchtkörper.

Gezieltes Licht auch im Bad: Direkt über der Badewanne wurde ein Dachflächenfenster platziert.

Vom Stereotypen zum Besonderen

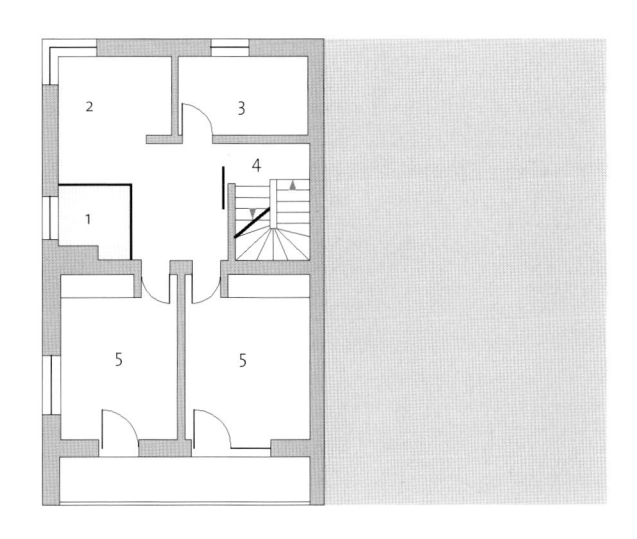

Obergeschoss
M 1:200

1 Luftraum
2 Arbeitsgalerie
3 Bad
4 Treppenhaus
5 Schlafzimmer

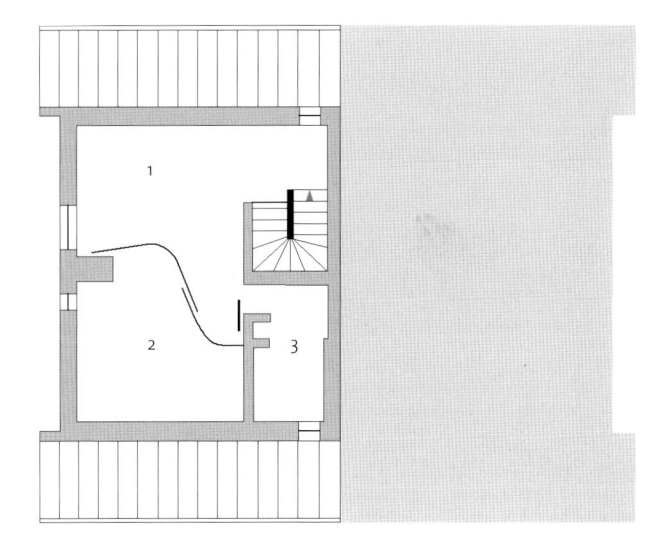

Dachgeschoss
M 1:200

1 Ankleide
2 Eltern
3 Bad

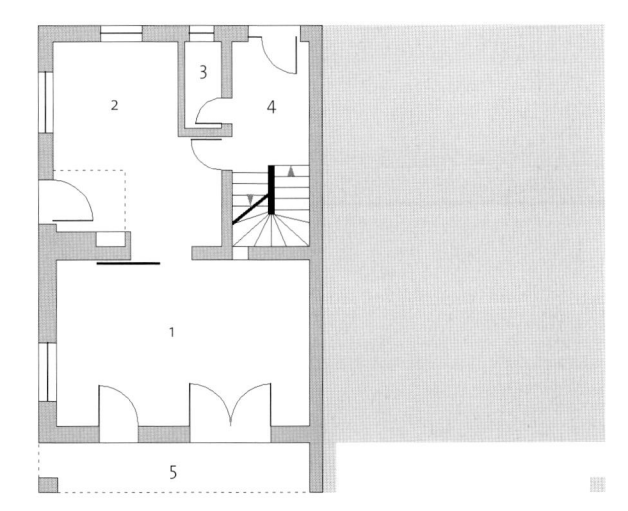

Erdgeschoss
M 1:200

1 Wohnraum
2 Küche/Essen
3 WC
4 Diele
5 Terrasse

Baudaten:

Baujahr Bestand:
1981
Bauweise:
Mauerwerk mit Betondecken
Baujahr Umbau:
2001
Grundstücksgröße:
540 m²
Wohnfläche vorher/nachher:
158 m²/154 m²
Anzahl Bewohner:
2
Baukosten gesamt:
160.000 Euro
Baukosten je m²:
890 Euro

Luftige Glashalle

Anbau an ein Wohnhaus in München
Architekt: Alexander Reichel, Kassel – München

Lageplan

Situation vor dem Umbau.

Projektübersicht:

🔺 **Aufgabe:**
Anbau an ein Wohnhaus in München
Bedingungen:
Kleines Grundstück, enger Grundriss, Balkon im OG
🔺 **Lösung:**
Abbruch des Balkons und Ersatz durch einen Wintergarten
Sonstiges:
Verbindung mit dem Wohnraum durch halbtransparente Glasschiebetüren
🔺 **Bauweise und Materialien Anbau**
Wände:
Stahl-Glas-Konstruktion mit Leiterträgern
Decken:
Balkon Bestand
Dächer:
Stahl-Glas-Konstruktion

Baugrund in Ballungszentren ist teuer, deshalb ist eine optimale Ausnutzung der „Ressource" Grundstück ein entscheidendes Kriterium. Hier ist die Erfindungskraft eines Architekten gefragt. Den Besitzern der kleinen Doppelhaushälfte in München war ihr Haus zu klein geworden. Der Wunsch, mehrere Freunde an einer großen Tafel zu bewirten und mit ihnen einen Abend zu verbringen, sollte durch eine Erweiterung des kleinen Wohnraums in Richtung Garten in Erfüllung gehen. Die bisherige Situation mit einem Balkon im Obergeschoss, der eine schmale Terrasse überdeckte, sollte abgelöst werden von einem Wintergarten, der sich unter den Balkon einfügt; soweit die Vorgaben der Bauherren an den mit dem Umbau beauftragten Architekten.

Dessen doppelgeschossiges Konzept überzeugte die Bauherren: Ein hoher Glasanbau sollte bis unter die Traufe reichen und steigerte damit den Wohn- und Erlebniswert des Grundrisses mehrfach. Bei nur 2,65 m Tiefe, 5,80 m Länge und 4,20 m Traufhöhe schafft der Anbau ein lichtvolles Raumvolumen, in den der ehemalige Balkon als neue „Galerie" integriert wurde. Zwei doppelflügelige Türen verbinden den neu gewonnenen Raum mit der davor in den Garten eingebetteten Lärchenholzterrasse.

Da der Glasanbau hauptsächlich von erwärmter Frischluft durchströmt wird, ermöglicht eine vor der ehemaligen Außenwand laufende Glasschiebetür diesen von der Küche abzukoppeln. Lediglich wenn Gäste erwartet werden temperiert eine Fußbodenheizung unter dem Fliesenbelag den Raum. Eine zusätzliche Heizung – auf den ersten Blick als solche nicht erkennbar – versteckt sich in den parallel zu den senkrechten Fassadenprofilen laufenden Rohren, die gleichzeitig zur statischen Aussteifung der Konstruktion dienen. Frischluftventilatoren im Schwellenbereich der Flügeltüren und Abluftöffnungen in der Traufuntersicht sorgen für einen problemlosen Luftaustausch im Sommer.

Der Ausblick in den Garten wird vom benachbarten Kirchturm dominiert.

Der Wintergarten ordnet sich dem Hauptdach unter.

Die Glashalteprofile der Fassade werden durch parallel laufende Stahlrohre ausgesteift. Zusätzlich befinden sich in ihnen Heizleitungen, die der Temperierung des Raums dienen. Große doppelflüglige Türen sorgen im Sommer für einen raschen Luftwechsel.

Luftige Glashalle

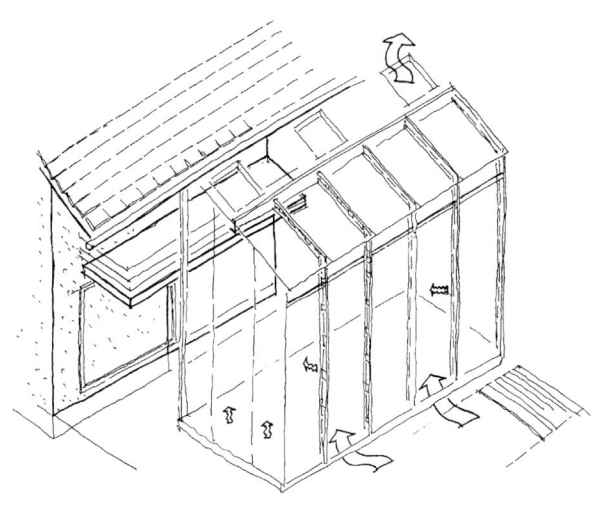

An kalten Tagen lässt sich die Schiebetür unter dem ehemaligen Balkon, der jetzt als Galerie das Obergeschoss in den neuen Raum einbindet, schließen.

Baudaten:

Baujahr Bestand:
1984
Bauweise:
Mauerwerk mit Betondecken
Baujahr Umbau:
2001
Grundstücksgröße:
325 m²
Wohnfläche vorher/nachher:
107 m²/128 m²
Anzahl Bewohner:
4
Baukosten gesamt:
92.400 Euro
Baukosten je m²:
720 Euro

Große doppelflügelige Türen sorgen im Sommer für einen raschen Luftwechsel.

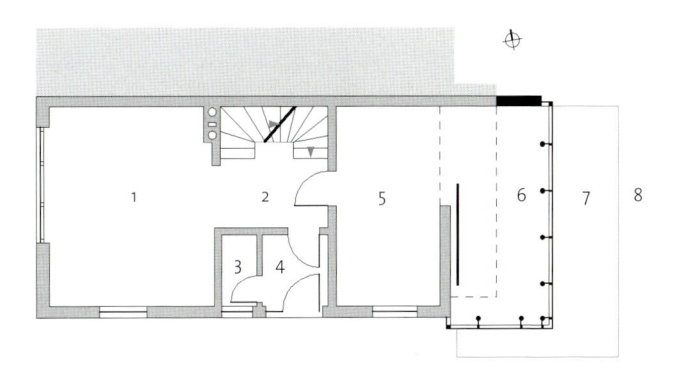

Erdgeschoss
M 1:200

1 Wohnen
2 Treppenhaus
3 Toilette
4 Diele
5 Küche/Essen
6 Wintergarten
7 Terrasse
8 Garten

Mut zur Farbe

Umbau eines Wohnhauses in Köln
Architekten: Heinz (†) und Nikolaus Bienefeld, Swisttal-Odendorf

Blick über den Gartenteich auf das äußerlich unveränderte Haus.

Projektübersicht:

🔶 **Aufgabe:**
Umbau und Neugestaltung eines Wohnhauses in Köln-Lindenthal
Bedingungen:
Weitgehender Erhalt der Bausubstanz
🔶 **Lösung:**
Teilabriss von Wänden, neues Licht- und Farbkonzept, Abriss und Neubau der Haupttreppe
Sonstiges:
Umgestaltung der Bibliothek als zweiter Umbauschritt
🔶 **Bauweise und Materialien Umbau**
Wände:
Lasierende Farbpigmentaufträge auf Putz
Decken:
Betondecken verputzt
Dächer:
Flach geneigte Satteldächer als Bestand

Die architektonische Qualität der vorliegenden Modernisierung spricht für sich. Eine großzügige Stadtvilla, die unter der Federführung eines bekannten Architekten erst in den späten achtziger Jahren des vorigen Jahrhunderts fertig geworden war, wechselte bereits vier Jahre später den Besitzer. Die neuen Bewohner konnten mit der postmodernen Attitude des Hauses nicht viel anfangen und hatten bereits zwei Umbauprojekte mit dem mittlerweile verstorbenen Architekten Heinz Bienefeld durchgeführt. Zusammen mit Bienefelds Sohn Nikolaus gelang eine komplette Neugestaltung des Hauses, die in diesem Fall zu einem so kongenialen Ergebnis führte.

Während der Vater die architektonische Gestalt von allem oberflächlich Modischen befreite und mit präzisen Eingriffen den Grundriss änderte, entwickelte der Sohn in Abstimmung mit der Bauherrin ein Farbkonzept für die zuvor weißen Wände. Der Kernbereich um die Treppe ins Obergeschoss, der Essraum und das Wohnzimmer wurden zu einer neuen Raumfolge umgewandelt. Ursprünglich sollte die halbrunde Ausbuchtung des Wohnzimmers durch einen neuen rechteckigen Glasanbau ersetzt werden, was die geringe Größe des Grundstücks jedoch nicht erlaubte. Um das undifferenzierte räumliche Kontinuum des Wohnraums zu durchbrechen, durchtrennt eine neue Wand den Gartensaal mit dessen kreisförmiger Fassade. Zusätzlich wurde eine weitere Trennwand entfernt. Dadurch entstand ein langer Flur als ordnendes Rückgrat, der Essraum und Treppenraum in einer außermittigen Achse verbindet. Ausgehend von diesem axialen Ordnungsprinzip schufen Durchbrüche in den Wänden eine Verbindung nach außen. Die abgebrochene Schmalseite des Essraums wurde komplett verglast, sodass der Blickbezug zu einer efeubegrünten Nachbarwand den Raum aufwertet.

Von allem Zierrat bereinigt, drückt die zweiläufige Treppe sowohl vornehme Zurückhaltung als auch kraftvolle Plastizität aus. Die Verjüngung der gespachtelten Betonbrüstung betont die Licht reflektierende Wirkung des Treppenlaufs.

Entwurfsskizze von Heinz Bienefeld

Die verschiedenen Farblasuren bilden ein optisches Defilée, wenn man den neu geschaffenen Längsflur durchschreitet.

Als fast poetisch möchte man die Wirkung des Streulichts im Gartensaal bezeichnen, die durch perforierte Metallblenden an den Glasflächen hervorgerufen wird.

124　Mut zur Farbe

Farbkonzept der Wandabwicklungen von Nikolaus Bienefeld.

Im Esszimmer wurde die komplette Stirnwand entfernt und durch eine Festverglasung ersetzt, die den Efeu an der Nachbarwand in den Raum förmlich mit einbezieht.

Wesentlich verändert wurde das Zentrum des Hauses mit dem Treppenhaus. Auf vier Stützen lagerte eine pyramidenförmige Dachverglasung auf. Die störenden Stützen wurden von Querträgern abgefangen und die Deckenuntersicht durch Milchglaspaneele abgehängt. Die neue Betontreppe wurde zusammen mit der konisch zulaufenden Brüstung aus einem Guss gefertigt und wirkt in dem abgemilderten Streulicht wie eine Skulptur. Nikolaus Bienefelds dezidiert gegeneinander gesetzte Farbflächen überspielen die Raumecken und Öffnungen und definieren eine neue Maßstäblichkeit. Nach dem Tod des Vaters führte der Sohn jüngst den Umbau der Bibliothek durch, deren Regalsystem – analog zu den Farbflächen in den übrigen Räumen – wie eine zweite Haut die Fenster- und Türöffnungen teils unterstreicht, teils kontrovers begegnet.

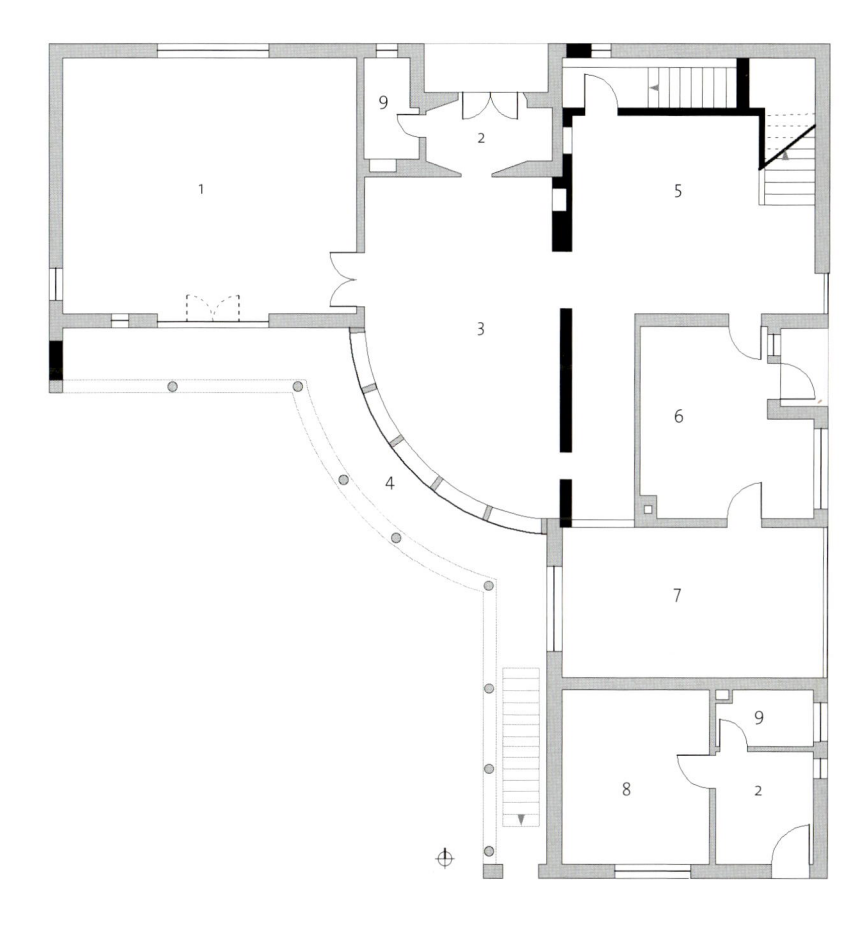

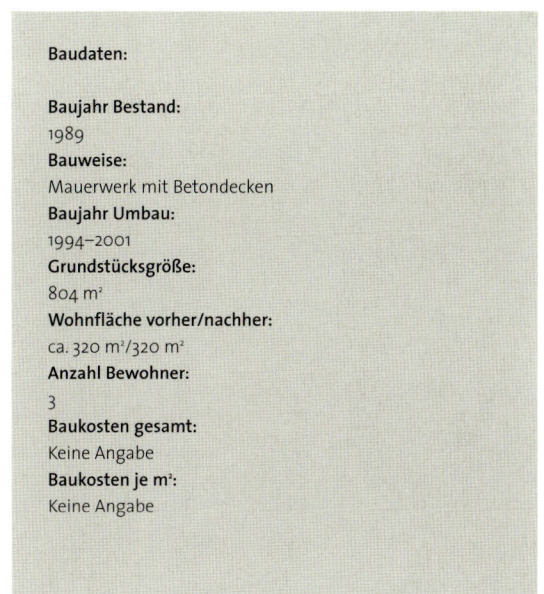

Erdgeschoss
M 1:200

1 Bibliothek
2 Diele
3 Wohnraum
4 Gartenarkade
5 Foyer
6 Küche
7 Essraum
8 Einlieger
9 Toilette

Baudaten:

Baujahr Bestand:
1989
Bauweise:
Mauerwerk mit Betondecken
Baujahr Umbau:
1994–2001
Grundstücksgröße:
804 m²
Wohnfläche vorher/nachher:
ca. 320 m²/320 m²
Anzahl Bewohner:
3
Baukosten gesamt:
Keine Angabe
Baukosten je m²:
Keine Angabe

Anhang

Architektenverzeichnis und Bildnachweis

archilab
Irmengard Berner
Architektin
Haidelweg 52
D-81241 München
architekten@archilab.de
S. 38-41, Fotos: Frank Goral

Architektenbüro 4a
Burkert, Pritzer, von Salmuth und Tillmanns
Hallstraße 25
D-70376 Stuttgart
architektenbuero4a@t-online.de
S. 30-33, 76-79, Fotos: Archiv Architekten

Architektur 109
Mark Arnold + Arne Fentzloff
Freie Architekten BDA
Schlosserstraße 35
D-70180 Stuttgart
info@architektur109.de
S. 30-33, Fotos: Archiv Architekten

Nikolaus Bienefeld
Architekt BDA
Essigerstraße 37
D-53913 Swisttal-Odendorf
mail@architekturbuero-bienefeld.de
S. 122-125, Fotos: Lukas Roth

Binder Architektur AG
Turnerstraße 1
CH-8400 Winterthur
Mail@binder-architekt.ch
S. 72-75, Fotos: Pascal Böni

Prof. Ulrich Coersmeier
Architekt BDA
Rosenstraße 42–44
D-50678 Köln
info@coersmeier.com
S. 88-91, Fotos: palladium/Oliver Schuster

Der Hausladen
der Architekten Klingholz, Fürst und Niedermeier
Baldestraße 19
D-80469 München
der.hausladen@gmx.de
S. 26-29, 114-117, Fotos: Gerrit Engel, Henning Koepke

design associates
Stephan M. Lang
Architekt
Winterstraße 4
D-81543 München
mail@design-associates.de
S. 94-97, Fotos: Angelo Kaunat, Thomas Drexel

Feuer & Schmitz
Architekten
Arndtstraße 28
D-60325 Frankfurt am Main
architektur@feuerundschmitz.de
S. 46-49, Fotos: Axel Schneider

Frick + Reichert
Architekten
Lange Straße 31
D-60311 Frankfurt am Main
S. 80-83, Fotos: Wolfgang Günzel

Hemmi + Fayet
Architekten ETH SIA
Riedhofstraße 29
CH-8049 Zürich
info@hemmifayet.ch
S. 110-113, Fotos: Hannes Henz

Huber + Lugmair
Architekturbüro
Ludwig-Dill-Straße 2
D-85221 Dachau
huber-lugmair@t-online.de
S. 16, 17, Fotos: Atelier von Medvey

Prof. Wolfgang Kergaßner
Architekt BDA
Löffelstraße 5
D-70597 Stuttgart-Degerloch
w.kergassner@t-online.de
S. 8, 10, Fotos: Oliver Schuster

Jutta Klare
Architektin
Thusneldastraße 18
50679 Köln-Deutz
S. 18, 98-101, Fotos: Lukas Roth

Landau + Kindelbacher
Architekten-Innenarchitekten
Tattenbachstraße 18
D-80538 München
Info@landaukindelbacher.de
S. 54-57, Fotos: Michael Heinrich

Klaus Leitner
Architekt
Hofgasse 9
A-4020 Linz
S. 34-37, 68-71, Fotos: Josef Pausch

MM3 Architektur
Weidenweg 21
A-6850 Dornbirn
office@mm3architektur.at
S. 22-25, Fotos: Bruno Helbling

Müller Architekten
Wilhelmstraße 5 a
D-70 072 Heilbronn
m@architekten-online.com
S. 84-87, Fotos: Dietmar Strauss

Jörn Pötting
Architekt
Kulmer Straße 20A
D-10783 Berlin
e-p@snafu.de
S. 12, 13, Fotos: Archiv Architekten

Alexander Reichel
Architekt BDA
Hiltenspergerstraße 53
D-80796 München
S. 118-121, Fotos: Uwe Lukas Schneider, Frank Goral

Röpke-Rotterdam
Architekten
Dreikönigenstraße 11
D- 50678 Köln
architekten@röpke-rotterdam.com
S. 60-63, Fotos: Stefan Zwiers

Ernst Roth
Architekt
Ghega-Allee 2
A-9560 Feldkirchen/Kärnten
office@undco.at
S. 64-67, Fotos: Gisela Erlacher

Spengler + Wiescholek
Freie Architekten Stadtplaner
Elbchaussee 28
D-22765 Hamburg
office@spengler-wiescholek.de
S. 102-105, Fotos: Archiv Architekten

Stoeppler + Stoeppler
Architekten BDA
Richardstraße 45
D-22081 Hamburg
S. 106-109, Fotos: Aloys Kiefer

Turkali Architekten
Hanauer Landstraße 48 A
D-60314 Frankfurt am Main
S. 50-53, Fotos. Barbara Staubach

Weidinger Architekten
Ullsteinstraße 6
D-90763 Fürth
ha_weii@odn.de
S. 14, 42-45, Fotos: Christian Oberlander

Auskunft zu Fördermitteln

Bundesamt für Wohnungswesen
Storchengasse 6
CH-2540 Grenchen
Schweiz
Tel. 0041-(0)32-654 91 11
www.bwo.admin.ch

**Bundesministerium für Verkehr,
Bau und Wohnungswesen**
Invalidenstraße 44
D-10155 Berlin
Tel. (030) 20 06-300-0
www.bmvbw.de

Energieverwertungsagentur E.V.A.
Otto-Bauer-Gasse 6
A-1060 Wien/Österreich
Tel. 0043-(0)1-586 15 24
www.eva.ac.at/esf

Kreditanstalt für Wiederaufbau (KfW)
Palmengartenstraße 5–9
D-60325 Frankfurt am Main
Tel. (0 18 01) 33 55 77
www.kfw.de

Informations- und Beratungsstellen

Bundesamt für Energie
Monbijoustraße 74
CH-3003 Bern/Schweiz
www.energie2000.ch

**Bundesarbeitskreis
Altbauerneuerung e.V.**
Elisabethweg 10
D-13187 Berlin
www.altbauerneuerung.de

**Bundesinitiative zukunftsorientierte
Gebäudemodernisierung e.V.**
Geschäftsstelle Ehningen
D-71139 Ehningen
www.initiative-jetzt.de

**Forschungsgemeinschaft für
Wohnen, Bauen und Planen**
Löwengasse 47
A-1030 Wien/Österreich
Tel. 0043-1-712 62 51
www.iswb.at

**Fraunhofer-Informationszentrum
Raum und Bau IRB**
Nobelstraße 12
D-70569 Stuttgart
Tel. (07 11) 970-25 00
www.irb.fhg.de

**Information-Energie-Innovation
„Sanierung eines Altbaus zum
Niedrig-Energiehaus"**
Bergstraße 15
D-57482 Wenden
Tel. (0 27 62) 22 58
www.iei.de

Literaturverzeichnis

**Altbaumodernisierung –
der praktische Leitfaden**
Herausgeber: Johannes Fechner
Springer-Verlag, Wien 2002

**Altbaumodernisierung im Detail –
Konstruktionsempfehlungen**
Jörg Böning
Verlag Rudolf Müller, Köln 1997

Altbauten – Beurteilen, Bewerten
Richard Kastner
Fraunhofer IRB-Verlag, Stuttgart 2000

Bauaufnahme und Dokumentation
Ulrich Klein
Deutsche Verlagsanstalt, München 2001

**Baukosten 2002
Instandsetzung, Sanierung, Modernisierung,
Umnutzung**
Schmitz, Krings, Dahlhaus, Meisel,
Verlag für Wirtschaft und Verwaltung,
Essen 2001

**BKI Objekte A2 Altbau
Aktuelle Baukosten und Planungshilfen
im Bild**
Baukosteninformationszentrum, Stuttgart
2001

Der Wohngrundriss
Untersuchung im Auftrag der
Wüstenrot Stiftung
Peter Faller
Deutsche Verlagsanstalt München 2002

**Einführung in die Energieeinspar-
verordnung 2002**
Prof. Dr. Erich Cziesielski, Marc Göbelsmann,
Jörg Röder
Verlag Ernst & Sohn, Berlin 2002

**Konstruktiver Wärmeschutz
Niedrig-Energie-Hochbaukonstruktionen**
Prof. Dr. E. Krüger
Verlag Rudolf Müller, Köln 1999

**Modernisierung alter Häuser
Planung, Bautechnik, Haustechnik**
Claus Arendt
Deutsche Verlagsanstalt, München 2002

**Ökologie und Bauinstandsetzen
WTA Schriftenreihe Heft 21**
Herausgeber: Jürgen Gänßmantel
Aedificatio-Verlag, Freiburg/Br. 2000

Ratgeber Altbau
Herausgeber: Architektenkammer
Niedersachsen
Broschüre der AKNS, Hannover 2001

Wohnungsbau-Normen
Hanns Frommhold und Siegfried Hasenjäger
Deutsches Institut für Normung DIN
Beuth-Verlag, Berlin 1994

Impressum

© 2003 Verlag Georg D.W. Callwey
GmbH & Co. KG,
Streitfeldstraße 35, 81673 München
www.callwey.de, E-Mail: buch@callwey.de
Die Deutsche Bibliothek verzeichnet diese
Publikation in der Deutschen Nationalbibliografie; detaillierte bibliografische Daten
sind im Internet über <http://dnb.ddb.de>
abrufbar.

ISBN 3-7667-1545-3

Das Werk einschließlich aller seiner Teile ist
urheberrechtlich geschützt. Jede Verwertung
außerhalb der engen Grenzen des Urheberrechtsgesetzes ist ohne Zustimmung des
Verlages unzulässig und strafbar.
Das gilt insbesondere für Vervielfältigungen,
Übersetzungen, Mikroverfilmungen und die
Einspeicherung und Verarbeitung in elektronischen Systemen.
Umschlagkonzept, Buchgestaltung, Satz:
Griesbeck & Griesbeck, München
Litho: Medien Profis GmbH, Leipzig

Druck und Bindung: Printer Trento - Italy

Fotonachweis Vorspann:
Seite 2: Hannes Henz
Seite 4: Lukas Roth
Seite 5: Archiv Spengler+Wiescholek
Foto Umschlagvorderseite: Michael Heinrich
Foto Umschlagrückseite: Archiv Spengler+Wiescholek

Dank

Das Entstehen dieses Buches wäre ohne die
Unterstützung vieler Helfer und Berater nicht
möglich gewesen. Zunächst möchte ich den
Verleger, Herrn Helmuth Baur-Callwey, in meinen Dank einschließen, ohne dessen verlegerisches Engagement viele Bücher zur aktuellen
Architektur nicht hätten entstehen können.
In seinem Hause erfuhr ich vor allem durch
Herrn Dr. Stefan Granzow, weiterhin durch
Frau Dorothea Montigel und Herrn Tim
Westphal wesentliche Beratung und Betreuung während der Recherche und Projektauswahl. Ohne die Mitwirkung der Bauherren und
Architekten, deren Projekte in diesem Buch
veröffentlicht werden, wäre diese Dokumentation sicher nicht zustande gekommen.
Ich möchte mich hiermit für das Engagement
auch der an den Projekten beteiligten Mitarbeiter und Fotografen herzlich bedanken.
Wesentlich zum Erscheinungsbild tragen die
Zeichnungen bei, die Jens Schiewe in eine einheitliche Form brachte. Zuletzt möchte ich
mich für die Hilfe all der Ungenannten bedanken, die im Hintergrund mitwirkten, und
erhoffe mir mit ihnen, dass die vorliegende
Publikation die lange vernachlässigten Einfamilienhausgebiete zu verdichteteren und
damit besseren Wohnformen begleiten möge.